嗅覚と自伝的記憶に関する心理学的研究

山 本 晃 輔 著

風 間 書 房

目　　次

第1章　序論 …………………………………………………………………1

　第1節　はじめに …………………………………………………………1

　　1．嗅覚と記憶に関する従来の研究 …………………………………1

　　2．自伝的記憶の定義 …………………………………………………5

　　第2節　本書の目的と構成 ……………………………………………7

第2章　嗅覚と自伝的記憶研究の現状 …………………………………9

　第1節　研究法と主な知見 ………………………………………………9

　　1．無意図的想起事態での研究 ………………………………………10

　　2．意図的想起事態での研究 …………………………………………11

　第2節　自己－記憶システムによる解釈 ……………………………20

第3章　無意図的想起事態での検討 ……………………………………25

　第1節　問題の設定 ……………………………………………………25

　第2節　研究1：匂いによる無意図的想起の日誌法的検討 …………27

　　1．目的 …………………………………………………………………27

　　2．方法 …………………………………………………………………28

　　3．結果と考察 …………………………………………………………29

　第3節　研究2：匂いによる無意図的想起の機能に関する

　　　　　　　　　日誌法的検討 ………………………………………38

　　1．目的 …………………………………………………………………38

　　2．方法 …………………………………………………………………40

　　3．結果と考察 …………………………………………………………40

第4節 研究3：匂いによる無意図的想起の中断報告法を
用いた検討 ……………………………………… 46

1．目的 …………………………………………………… 46

2．方法 …………………………………………………… 18

3．結果と考察 …………………………………………… 49

第5節 研究4：匂いによる無意図的想起の実験的検討 ……………… 50

1．目的 …………………………………………………… 50

2．方法 …………………………………………………… 51

3．結果と考察 …………………………………………… 53

第4章 意図的想起事態での検討 …………………………………… 57

第1節 問題の設定 …………………………………………………… 57

第2節 研究5：匂い手がかりと言語ラベル手がかりにおける
自伝的記憶想起過程の比較 ……………………… 58

1．目的 …………………………………………………… 58

2．方法 …………………………………………………… 59

3．結果と考察 …………………………………………… 61

第3節 研究6：匂い手がかりの同定率が自伝的記憶想起過程
に及ぼす影響 ……………………………………… 64

1．目的 …………………………………………………… 64

2．方法 …………………………………………………… 65

3．結果と考察 …………………………………………… 66

第5章 想起過程の再考 ……………………………………………… 71

第1節 従来の解釈における限界 …………………………………… 71

第2節 嗅覚の認知処理過程を考慮した生成的検索 ……………… 72

第3節 想起を規定する要因 ………………………………………… 75

目　次　iii

　　1．感情 ………………………………………………………… 75
　　2．言語 ………………………………………………………… 76

第6章　規定要因に関する実験的検討 ……………………………… 79
　第1節　問題の設定 …………………………………………………… 79
　第2節　研究7：匂い手がかりの諸特性を考慮した
　　　　　　　　　実験材料リストの作成 ………………………… 81
　　1．目的 ………………………………………………………… 81
　　2．方法 ………………………………………………………… 81
　　3．結果と考察 ………………………………………………… 85
　第3節　研究8：匂い手がかりの感情喚起度が自伝的記憶の
　　　　　　　　　想起特性に及ぼす影響 ………………………… 93
　　1．目的 ………………………………………………………… 93
　　2．方法 ………………………………………………………… 94
　　3．結果と考察 ………………………………………………… 95
　第4節　研究9：匂い手がかりの快不快度が自伝的記憶の
　　　　　　　　　想起特性に及ぼす影響 ………………………… 97
　　1．目的 ………………………………………………………… 97
　　2．方法 ………………………………………………………… 97
　　3．結果と考察 ………………………………………………… 98
　第5節　研究10：匂い手がかりによる自伝的記憶の想起特性に
　　　　　　　　　言語情報が及ぼす影響 ………………………… 99
　　1．目的 ………………………………………………………… 99
　　2．方法 ……………………………………………………… 100
　　3．結果と考察 ……………………………………………… 101
　第6節　研究11：匂い手がかりによる自伝的記憶の検索時間に
　　　　　　　　　言語情報が及ぼす影響 ……………………… 102

1．目的 ……………………………………………………………… 102

　　　2．方法 ……………………………………………………………… 103

　　　3．結果と考察 ……………………………………………………… 104

　　第7節　総合論議 ………………………………………………………… 105

　　　1．感情による促進効果 …………………………………………… 106

　　　2．言語による促進・妨害効果 …………………………………… 106

　　　3．他の手がかりとの想起効果の違い …………………………… 107

第7章　本研究のまとめと今後の課題 ……………………………………… 109

　　第1節　本研究のまとめ ………………………………………………… 109

　　第2節　今後の課題 ……………………………………………………… 111

引用文献 …………………………………………………………………………… 119

あとがき …………………………………………………………………………… 133

第1章　序　論

第1節　はじめに[1]

1．嗅覚と記憶に関する従来の研究

　2004年度，Buck & Axel (1991) による嗅覚分野の研究がノーベル医学・生理学賞に選ばれてから10年以上が過ぎようとしている。この研究は，動物は約1000種類，人間は300数十種類の嗅覚受容体遺伝子をもっており，その組み合わせによって約1万種類もの匂いを識別することを示す画期的な発見であった。これほど多様な弁別が可能であるのは，匂いが適応上の重要な役割を担っているからである。それは，たとえば餌を探索する，帰巣の方向を確かめる，あるいはまた敵を避けるなど，動物のあらゆる行動にみられる (Engen, 1982　吉田訳 1990)。

　一方，人類の遠い祖先は進化のある段階で，視覚能力の飛躍的な獲得をみたが，その代償として嗅覚は他の哺乳動物に比べて退化していった。ところが，その後の進化の過程で言語を獲得したことにより，匂いが生存に及ぼす効果は他の動物とは質的に異なり，複雑になっている。匂いそれ自体によって喚起される感情に加えて，言語を介して匂いを捉えるという認知的機能が著しく発達したのである。

1　第1章第1節は次の論文の一部に大幅な加筆修正を行ったものである。
山本晃輔（2015c）．嗅覚と自伝的記憶に関する研究の展望―想起過程の再考を中心として―　心理学評論，58，423-450.

しかし，この認知的機能の獲得は匂いそれ自体がもつ多様かつ複雑な特性を捨象し，言語を介してそれらを捉えるという単純化の道筋を辿ることにもつながったが，同時に人間における新たな匂いの独自性が生み出されてきたことも否定できない。

たとえば，近年人々の関心を集めているアロマセラピーは，匂いのリラクゼーション効果を応用的に利用しているが，この匂いの効果は匂いそれ自体と，その匂いに関する言語情報との相互作用の所産であると見なされている（畑山・樋口，2004）。一般的に，鎮静効果を生起させると言われるラベンダーの匂いも，匂いを提示する際に鎮静効果があると説明する条件では主観的なストレス緩和感の向上が見られるが，説明のない条件ではこの効果が見られないことが示されている（Higuchi, Shoji & Hatayama, 2002）。

また，料理人やワインのソムリエによる極めて高次な匂いの命名能力や弁別能力，あるいは，消防士やレスキュー隊員による煙や天然ガス等の危険物における匂いの検出能力（e.g., Wilson & Stevenson, 2006）においても，匂いそれ自体とそれに対応する言語情報，あるいは経験に関する知識がその独自な機能を下支えしていることは明らかである。

このように，人間独自の発展を遂げた匂いの効果は，この他にも様々なものがあり，多方面に研究が進められているが，中でも嗅覚と記憶に関する心理学的研究は近年めざましい発展を遂げている（レビューとして，綾部，2010; 綾部・菊地，1996; Herz & Engen, 1996; Richardson & Zucco, 1989; Schab, 1991; Stevenson & Boakes, 2003; 高橋，2000; White, 1998; 山本，2013a, 2013b, 2015c）。従来の研究によると，嗅覚と記憶についての研究は匂いそれ自体の記憶に関する研究と，匂い手がかりによる想起の有効性を検討した研究の2つに大別される。匂いそれ自体の記憶研究では，短期記憶（e.g., Ayabe-Kanamura, Kikuchi & Saito, 1997; Doty & Kerr, 2005; Engen, Kuisma & Eimas, 1973; Jones, Roberts & Holman, 1978），ワーキングメモリ（e.g., Dade et al., 2001; Jönsson, Møller & Olsson, 2011; Martin & Chaudry, 2014），長期記憶（e.g., 綾部・菊地・斉藤，1996; Cain

& Potts, 1996; Engen & Ross, 1973; Frank et al., 2011; Larsson & Bäckman, 1997; Lawless, 1978; Lyman & McDaniel, 1986, 1990; Murphy et al., 1991; Rabin & Cain, 1984; Stagnetto, Rouby & Bensafi, 2006），短期記憶と長期記憶の両側面（e.g., Jehl, Royet & Holley, 1997）についての研究や，短期記憶と長期記憶の区分に関連して匂いの記憶の系列位置効果を検討した研究（e.g., Miles & Hodder, 2005; Reed, 2000），潜在記憶と顕在記憶の観点からの研究（e.g., Olsson & Cain, 2003）等が行われている。いずれの研究でも匂いそれ自体の記憶は忘却が起こりにくく，かつ言語的な処理とは異なる独自な処理が行われていることが示されている。

　一方，匂いの想起手がかりとしての有効性に焦点を当てた研究は，さらに文脈依存記憶（context dependent memory）の研究と自伝的記憶（autobiographical memory）の研究に分類される。文脈依存記憶の研究の多くでは，符号化時と検索時の文脈情報（e.g., 場所）が操作され，それが一致する場合と不一致な場合とで記憶成績が異なるかどうかが検討される。一般的には，符号化時と検索時の文脈情報が一致する場合が，それが不一致な場合と比較して記憶成績が促進される（e.g., Godden & Baddeley, 1975）。匂いを文脈として用いた研究では，単語（Ball, Shoker & Miles, 2010; Herz, 1997a, 1997b; Isarida et al., 2014; Schab, 1990; 山田・中條，2010）や写真（Cann & Ross, 1989; Herz, 1998; Herz & Cupchik, 1995），物語（Phillips & Cupchik, 2004），実験室に置かれた事物（Wiemers, Sauvage & Wolf, 2014）などを記銘材料とした記憶実験や空間学習課題（Parker, Ngu & Cassaday, 2001）などが行われた。厳密には研究ごとに詳細な方法は異なるものの，いずれの研究でも符号化時と検索時の両方で同じ匂いが提示された場合に成績が最も促進されることが一貫して示されている。

　匂いの文脈依存記憶の研究が進む中，近年では自伝的記憶を対象とした研究が盛んに行われている（レビューとして，Chu & Downes, 2000a; Larsson & Willander, 2009; 山本，2010，2015c，2016b; 山本・野村，2005）。自伝的記憶とは，「これまでの生活で自分が経験した出来事に関する記憶」（佐藤，2008a）であ

る。従来の記憶研究では，記銘された事象をいかに正確に再生するかといった視点が重視されてきたが，自伝的記憶研究では，過去に経験された事象がいまここでどのように再構成され，思い出されるのかといった想起に焦点が当てられている。このような視点は，従来の記憶研究ではある意味排除されてきたものである。しかしながら，我々の記憶に関する認知活動が状況依存と合目的性（野村，1983）を備えたものであり，かつダイナミックなものであることを考慮すると，こうした視点をもとに記憶の理論を構築していくこともまた，記憶研究においては不可欠なことであるといえる。このような自伝的記憶の特徴は回想法などの応用的研究にも発展し得るものであり，基礎研究の枠を超えて，心理学だけでなく脳科学や社会科学等の他の様々な研究領域にも拡がりをみせている（e.g., 佐藤・越智・下島，2008; 高橋・佐藤，2008）。

　本研究は，嗅覚と自伝的記憶に関する研究に注目し，匂い手がかりによって自伝的記憶が想起される際の認知メカニズムの解明を目的としたものである。嗅覚と自伝的記憶に関する研究が行われ始めた発端は，プルースト現象にあるといえる。プルースト現象（Proust phenomenon）とは，ある匂いとの遭遇を契機に，その匂いと結びついた過去の出来事があたかもそれを追体験しているかのようにありありと思い出される現象を示す。このような現象は，作家プルーストによる"失われた時を求めて"（Proust, 1922　鈴木訳 1996）の中で極めて象徴的に述べられたことから，一般的にプルースト現象と呼ばれるようになったのである。

　プルースト現象は，古くから知られているものであり，かつ日常的に誰もが経験し得ることである。それにもかかわらず，その詳細に関しては，今日までほとんど明らかになっていない。プルースト現象に見られるような匂い手がかりによる自伝的記憶の想起現象はどのような認知メカニズムを経て起こるのであろうか。また，なぜ匂いなのか，言語や他の知覚刺激では起こり得ないのか。さらに，この現象が我々生体にもたらす意味やその機能は何か。このような問いに対して解を与えるために，本研究では，匂い手がかりによ

る自伝的記憶の想起過程を中心とした実証的研究を行っていくことにする。

2．自伝的記憶の定義

　既述のように，本稿では自伝的記憶を中心とした研究を行っていくことになるが，まずはその概念の整理を行うことにより，研究対象を明確にしておく。

　自伝的記憶は，現在，認知心理学の枠だけにとどまらず，発達心理学，社会心理学，臨床心理学，精神医学等の様々な分野で研究が行われ始めているものである（e.g., 高橋・佐藤，2008）。アメリカ心理学会が作成したデータベース PsycINFO で検索すると，自伝的記憶に関する研究の数は雑誌論文だけで年間数十件を超えるほどである（佐藤・槙・下島・堀内・越智・太田，2004; 佐藤，2008a）。また，それらの研究成果がまとめられた専門書も近年いくつか出版されるなど（Berntsen, 2009; Berntsen & Rubin, 2012; 佐藤・越智・下島，2008），多くの注目を集めている。それでは，自伝的記憶とはそもそもいかなる記憶事象なのであろうか。

　自伝的記憶の定義は研究者によって様々であるが（佐藤，2008a, 2008b），その一つに，記憶の分類の中で自伝的記憶を位置づけ，定義しようとするものがある。仮にいま，Tulving（1983　太田訳 1985）の記憶の分類に従えば，入力された情報の保持時間によって記憶は分類され，なかでも，その時間が最も長い記憶は長期記憶（long-term memory）と呼ばれる。さらに，長期記憶は，その内容によって，言語で記述できる記憶を示す宣言的記憶（declarative memory）と，"車の発進のさせ方"などのような手続き的記憶（procedural memory）とに分類される。また，宣言記憶は一般的な知識である意味記憶（semantic memory）と，特定の時間的・空間的な情報や出来事の記憶であるエピソード記憶（episodic memory）とに分けられるのである。このような分類の中で，エピソード記憶とほぼ同義のものとして，自伝的記憶が定義されることがある（e.g., 佐藤，2008a）。その例としては，"人生の中で体験し

たさまざまな出来事に関する記憶の総体"（相良，2000）などがある。

　エピソード記憶と自伝的記憶との区分については，議論があるものの（e.g., Conway, 2001），両者には類似点が多いのも事実である。たとえば，近年，Tulving（2002）は，エピソード記憶の想起が，想起者にあたかもそれを追体験しているかのようにありありと思い出している感覚を生じさせると考えている。この感覚は心理的時間移動（mental time travel）と呼ばれ，我々人間がもつ記憶に関する独自でかつ高次の認知機能といえるものである。このような感覚は，自伝的記憶の想起においてもみられるものであり，Conway & Pleydell-Pearce（2000）は，自伝的記憶内の匂いや味，音といった感覚知覚情報の活性化がこの感覚の生起に重要な役割を果たすと考えている。したがって，エピソード記憶の一種として，自伝的記憶を定義することはある程度妥当性の高いものであると思われる。

　また，自伝的記憶の定義を考える上で，いま1つの重要な視点は，この記憶が"自伝的"であること，つまり，自己（self）に関する記憶であることである。そもそも自伝的記憶が本格的に研究されてきたのは，Neisser（1982 富田訳 1989）によって，Ebbinghaus（1885）以降の実験室的な記憶研究が批判され，それに対して研究の生態学的妥当性の重要さが説かれた以降である。ここでの実験室的な記憶研究に代表されるように，従来の認知心理学では，どちらかといえば対象についての知を体系化したもの，すなわち，自己と切り離されたという意味で他者知についての研究が中心であった（野村，1994）。このような背景の中で，自己についての知である自己知が記憶研究の対象とされるようになった。その1つが記銘方略に関する分野であり，自伝的精緻化（e.g., 豊田，1995）や自己関連づけ効果（e.g., 堀内，2002），自己選択効果（e.g., 高橋，1997）等の現象に代表されるように，記銘材料に対して自己が関わることで記憶が促進されるそのメカニズムについて活発な議論が行われてきた。そして，それらの領域と並行して，日常認知や日常記憶が盛んに叫ばれる背景の中で，特に自己知について積極的に研究対象とする概念として，

自伝的記憶に関する研究が注目を集め始めたと考えられる。

　このような歴史的背景に目を向けた自伝的記憶研究者は，自伝的記憶を "個人的に重要で，自己の構成要素になる" 記憶（e.g., Cohen, 1996; Conway, Singer & Tagini, 2004）と定義し，それによって従来の実験室的な記憶研究から自伝的記憶を区別しようとしたのである。そこでは，個人が自己の同一性や連続性を保つのに，自伝的記憶は1つの本質的な役割を果たしていると考えられており（清水，2011），実際に発達心理学や青年心理学の研究領域において，自己と自伝的記憶の関係性が検討されてきた。そして，それらの実証的研究から自己の発達の程度によって想起される自伝的記憶の様相が異なること（野村，2002; Neimeyer & Metzler, 1994; 植之原，1993; 山本，2013d），あるいは自伝的記憶の想起によって自己の状態が変動する可能性が報告されている（e.g., 山本，2015a）。これらの知見は，自伝的記憶と自己が互いに影響し合う双方向の関係性であることを示唆している（e.g., Conway, 2005; Conway & Pleydell-Pearce, 2000; Wilson & Ross, 2003）。したがって，自伝的記憶を定義する上において，自己との関係性に言及することは不可欠であろう。

　そこで，本研究ではここまで述べたエピソード記憶に依拠する立場と，自己とのかかわりを主張する立場の両方の定義を参考に，自伝的記憶を自己である主体が直接的に経験した過去の出来事に関する記憶と定義することにする。厳密には各実験の目的に応じて修正する必要があるものの，本研究ではこの定義に基づき，以降の検討を行っていくことにする。

第2節　本書の目的と構成

　現代心理学における目標の一つは，記憶という精神機能を解明し，それを記述するための記憶モデルを構築することにある（清水，1998）。この目標に向けて，本研究ではいまだ未解明である匂い手がかりによる自伝的記憶の想起過程を明らかにし，その認知メカニズムを探っていくことにする。

以上のような目的のもと，研究を遂行していくために，本論文では全7章を構成する。その中で計11件の実験・調査結果を研究1から研究11として報告する。

第1章では，序論として嗅覚と記憶に関する研究における自伝的記憶研究の位置づけや背景および研究動機について述べた。その後，本研究における自伝的記憶の定義を行い，本論文の目的と全体の構成について記した。

第2章では，従来の匂い手がかりによる自伝的記憶研究で用いられてきた研究法と，それによって得られた主な知見を紹介した上で，それらを説明する現在の理論を解説する。その後，この理論の妥当性についての問題点を指摘し，それを解決し得る手段について論考する。

第3章と第4章では，現在の理論の妥当性について実験，調査による検討を行う。第3章では，直接的検索が生起すると考えられている無意図的想起事態から，日誌法（研究1と研究2），中断報告法（研究3），実験法（研究4）というそれぞれに異なる手法を用いて，匂い手がかりによる自伝的記憶の想起現象について検討する。第4章では，意図的想起事態から，匂い手がかりと言語手がかりによるそれぞれの自伝的記憶の想起過程を比較し，両者の違いや共通性を明らかにしていく（研究5と研究6）。

第5章では，現在の理論の問題点を指摘し，これらを解決し得る新たな想起過程を提案する。第6章では新たな想起過程の妥当性を検討するために，実証的検討を行う。具体的には，研究7で以降の実験で利用する実験材料リストを作成する。研究8から研究11では，新たな想起過程を仮定した場合に，規定要因となり得る感情と言語に注目する。このうち，研究8，9では感情的要因に注目し，研究10，11では言語的要因に注目した実験的検討を行う。その後，それらの実験結果から，新たな理論に関する総合論議を行う。

終章である第7章では，本研究全体のまとめを行うとともに，今後の検討課題について提案する。

第2章　嗅覚と自伝的記憶研究の現状

第1節　研究法と主な知見[2]

　既述のように，プルースト現象が単なる小説の一節ではなく，実際にも生起し得る現象であるかどうかは古くから人々の関心の的であった。最も初期の研究は，Laird (1935) による調査研究であるといわれる (Chu & Downes, 2000a)。Laird (1935) は，254名を対象に匂い手がかりによる想起経験を調査した。その結果，参加者の5人に4人以上の確率で，日常生活で匂い手がかりによって記憶を思い出した経験があり，しかもその記憶の多くは鮮明であり，かつ情動的なものであった。こうした調査の結果や，既述のような嗅覚と記憶に関する認知心理学的研究が蓄積されていたことが契機となり，自伝的記憶を対象とした研究が本格的に行われ始めたのである (Chu & Downes, 2000a)。

　以下では従来の知見を整理するが，本研究では2つの観点に着目したい。第一は研究方法である。匂い手がかりによる自伝的記憶の想起効果を厳密に測定することは極めて難しいことから，従来の研究では様々な工夫が施されたいくつかの方法が提案されている。また，指標は方法や研究ごとに様々であるが，ここではその中でも最も多く採用されている自伝的記憶の鮮明性や情動性等の記憶特性に関する評定値の結果を中心に議論したい。

2　第2章第1節，第2節は次の論文の一部に大幅な加筆修正を行ったものである。
山本晃輔 (2015c)．嗅覚と自伝的記憶に関する研究の展望―想起過程の再考を中心として―　心理学評論，58，423-450.

第二は，意図的想起と無意図的想起の区分である。意図的想起（voluntary remembering）とは，"思いだそう"という想起意図を伴った想起であり，それに対して，想起意図を伴わずに何かがふと想起されてくる現象を無意図的想起（involuntary remembering）と呼ぶ（小谷津・鈴木・大村，1992）。従来までの記憶研究がどちらかといえば，意図的想起事態に偏っていたことから，近年，無意図的想起研究が盛んに行われており，それらの知見を集積した単行本（Berntsen, 2009; Mace, 2007; 関口・森田・雨宮，2014）が刊行されるなど注目を集めている。後述するように，匂い手がかりによる自伝的記憶研究では意図的想起事態での検討が中心ではあるが，プルースト現象が本来無意図的想起事態であることから，この研究領域での方法を採用した検討が行われており，重要視されている（山本，2014a）。

　以下では無意図的想起と意図的想起を区分し，それぞれの方法ごとに整理した文献展望を行うことにする。

1．無意図的想起事態での研究

　日誌法　無意図的想起研究で最も多く採用されている方法の1つが日誌法（diary method）である（e.g., 雨宮，2014）。日誌法とは，参加者が無意図的想起を報告するための日誌を持ち歩き，日常生活の中で無意図的想起が生起した際に，その内容や特徴，あるいは手がかり等の想起状況を記録する方法である（e.g., Berntsen, 1996）。たとえば Mace（2004）は日誌法を用いて，無意図的想起を生起させる手がかりの特徴に注目し，検討を行った。その結果，嗅覚刺激や視覚刺激，聴覚刺激等を含む感覚知覚的手がかり（sensory/perceptual cue）が作用するケースは全体の30％であることがわかった。さらに，感覚知覚的手がかりの種類ごとにケースを分類した研究からは，匂い手がかりが作用したケースは全体の8％（Berntsen, 2009）や3.2％（神谷，2010）と報告されており，日常的に生起される無意図的想起の総量から考えると，嗅覚刺激が手がかりとなるケースは多いとはいえないものの，その生起は確認

された。

実験法　日誌法では実験事態のような厳密化を図ることが不可能なために，従来の無意図的想起研究では実験法が開発されてきた（e.g., 雨宮・関口，2006; 雨宮・高・関口，2011; Schlagman & Kvavilashvili, 2008）。たとえば，雨宮・関口（2006）は，"進学"などの単語を SD 評定させた後で，先の評定中に無意図的想起が生起されたかどうかを参加者に尋ねるという手続きを用いた。実験の主課題は SD 評定であり，その課題では想起を求めないため，評定中に想起されたものは無意図的想起になると想定した。中島・分部・今井（2012）は，雨宮らの方法を採用し，提示した匂いについて"甘い―苦い"などの SD 評定を参加者に求め，この課題中に生起した無意図的想起について尋ねた。その結果，条件にもよるが最大で73％もの確率で匂いによる無意図的想起が生起されることが報告された。

したがって，日誌法および実験法の結果から匂いによる無意図的想起が一定程度以上の確率で生起する可能性が示唆されたといえる。

2．意図的想起事態での研究

ここではこれまで中心的に行われてきた意図的想起事態での検討に注目し，そこで開発された5つの方法とともに主な知見を紹介する。個々の説明に先立ち，方法ごとに主要な研究を Table 1 にまとめた。以下ではこれに基づき，文献展望を行う。

匂い手がかり法　意図的想起事態を対象とした初期の実験では，自伝的記憶研究で最もよく用いられる方法の1つである単語手がかり法（e.g., Crovitz & Schiffman, 1974）に基づいた匂い手がかり法が採用されてきた。単語手がかり法では，実験参加者に手がかりとして単語を提示し，それに関連した自伝的記憶の想起を求めるが，匂い手がかり法では，単語の代わりに匂いを使用し，それによって想起された自伝的記憶の特徴を評定値等によって測定するという手法になる。実験の結果，匂い手がかりによって想起された自伝的

Table 1　匂いを手がかりとした自伝的記憶における主要な研究の参加者属性,

主要な論文の著者・実験	参加者の属性・人数	匂い刺激の種類	研究方法
Herz & Cupchik (1992)	大学生40名（男性20名・女性20名，平均年齢19歳）	日常的な20種類の匂いの精油（バナナ，カレー等）を希釈して使用	匂い手がかり法
Ehrlichman & Halpern (1988)	女子大学生107名	予備実験を通して選定された快不快度が異なる日常的な匂い2種（アーモンド等）の精油を希釈して使用	匂い手がかり法
山本（2008a）実験2	大学生・大学院生20名	杉山・綾部・菊地（2003）を参考に，同定率の異なる日常的な匂い20種類の実物や精油を使用（石鹸，醤油等）	匂い手がかり法
山本・野村（2010）	大学生・大学院生118名（男性38名・女性80名）	日本人の生活にある匂いの記述語の分析結果（斉藤・綾部・高島，1994）を参考に，日常的な匂い30種類の実物や精油を使用（もも，ジャスミン等）	匂い手がかり法
山本・豊田（2011）実験1	専門学校生25名（男性2名・女性23名）	山本・野村（2010）を参考に，感情喚起度の異なる日常的な匂い4種の実物（にんにく等）	匂い手がかり法
山本・豊田（2011）実験2	短期大学生37名（男性5名・女性32名）	山本・野村（2010）を参考に，快不快度の異なる日常的な匂い2種（チョコレート等）の実物を使用	匂い手がかり法
山本（2014b）実験1	短期大学生51名（男性5名・女性46名）	山本・野村（2010）を参考に，命名率の異なる日常的な匂い4種の実物や精油を使用（ハッカ等）	匂い手がかり法
山本（2014b）実験2	大学生・大学院生40名（男性13名・女性27名）	山本・野村（2010）を参考に，命名率の異なる日常的な匂い6種（ピーナッツ等）の実物や精油を使用	匂い手がかり法
Rubin et al. (1984) 実験1	大学生40名	Cain（1979）を参考に選択された27種類の匂いから熟知価が一定値以上の15種類の匂い（コーヒー，シナモン等）を使用	手がかり比較法
Rubin et al. (1984) 実験2	大学生101名	実験1と同様に選択された24種類の匂いから熟知価が一定値以上であった16種類を使用	手がかり比較法
Goddard et al. (2005)	大学生48名（男性24名・女性24名，平均年齢24.54歳）	Chu & Downes（2002）を参考に30種類の匂い（せっけん，にんにく等）を使用	手がかり比較法

第 2 章　嗅覚と自伝的記憶研究の現状　13

匂い刺激の種類，研究方法，条件，主な指標，主な結果等の分類[1]

手がかり条件・比較対象	主な指標（従属変数）	主な結果
命名の有無等	記憶特性評定値（鮮明度等），生起時期	匂い手がかりによって想起された記憶は，情動的で快であり，鮮明で特定的であり，古い記憶が多い。
匂いの快，不快	記憶の快不快度に関する評定値	記憶の快度：快な匂い＞不快な匂い 記憶の不快度：快な匂い＜不快な匂い
匂いの同定率の高低	検索時間	検索時間：同定率高群＜同定率低群
匂いの命名の有無等	記憶特性評定値（鮮明度等），生起時期	匂いの感情特性（感情喚起度・快不快度）と記憶の感情特性（感情喚起度・快不快度）に相関関係を確認 記憶の鮮明度，感情喚起度，快不快度：命名あり＞命名なし
匂いの感情喚起度の高低	記憶特性評定値（MCQ[2]）	回想的想起，時間情報： 感情喚起度高＞感情喚起度低
匂いの快，不快	記憶特性評定値（MCQ[2]）	明確性・時間情報，全体的印象，感覚的経験，空間情報，奇異性，前後の出来事：快な匂い＞不快な匂い
匂いの命名の有無，命名率	記憶特性評定値（MCQ[2]）	明確性，前後関係：命名率低条件で命名あり＜命名なし，命名率高条件で命名あり＝命名なし
匂いの命名の有無，命名率	記憶特性評定値（鮮明度），検索時間	記憶の鮮明度：命名あり＞命名なし，命名率高＞命名率低 検索時間：命名あり＜命名なし，命名率高＜命名率低
匂い・言語	記憶特性評定値（情動性等）	話した回数，想起頻度：匂い＜言語 鮮明度，情動性：匂い＝言語
匂い・言語・写真	記憶特性評定値（情動性等）	話した回数，想起頻度： 匂い＜言語＜写真 鮮明度，情動性：匂い＝言語＝写真
匂い・言語・写真	記憶特性評定値（特定度等），検索時間，生起時期	記憶の特定度：言語＝写真＞匂い，検索時間：言語＝写真＜匂い，幼少期の記憶の想起率：匂い＞言語＝写真

14

主要な論文の著者・実験	参加者の属性・人数	匂い刺激の種類	研究方法
Willander & Larsson (2006)	高齢者93名（男性40名・女性53名，平均年齢74.32歳）	予備実験を通して選択された日常的な20種類の匂いを使用（タバコ，ウイスキー等）	手がかり比較法
Willander & Larsson (2007)	高齢者72名（男性22名・女性50名，平均年齢71.69歳）	Willander & Larsson（2006）を参考に，日常的な20種類の匂い（タバコ，ウイスキー等）	手がかり比較法
Willander & Larsson (2008)	高齢者64名（男性23名・女性41名，平均年齢72.13歳）	Willander & Larsson（2006，2007）を参考に，日常的な20種類の匂いの言語ラベル（タバコ，ウイスキー等）	手がかり比較法
Chu & Downes (2000b)	高齢者22名（男性11名・女性11名，平均年齢69.4歳）	日常的な匂い27種類（オレンジ，石鹸等）の精油や実物を使用	手がかり比較法
Chu & Downes（2002）実験1	大学生，社会人42名	日常的で準備が容易な10種類の匂い（コーヒー，酢等）を使用	二重手がかり法
Chu & Downes（2002）実験2	大学生，社会人40名	日常的で準備が容易な6種類の匂い（コーヒー，シナモン等）を使用	二重手がかり法
山本（2008a）実験1	大学生・大学院生42名	Chu & Downes（2002）を参考に，日本における日常的な匂い15種（しょうが等）の実物や精油を使用	二重手がかり法
Maylor et al. (2002)	大学生57名（男性16名・女性41名，平均年齢20.9歳）と高齢者57名（男性11名・女性46名，平均年齢84歳）	Chu（1998）を参考に，6種類の匂い（コーヒー，ウイスキー等）を使用	二重手がかり法
Herz & Schooler (2002)	45名（男性20名・女性25名，平均年齢33.8歳）	予備実験に基づき，幼少期の記憶と連合しやすい5種類の匂い（クレヨン等）を使用	反復測定課題法
Herz (2004)	70名（男性28名・女性42名，平均年齢33歳）	日常的な匂い3種（ポップコーン等）の精油を使用	反復測定課題法
Herz et al. (2004)	予備実験を通して12名（平均年齢22歳）の参加者から5名の女性が選ばれた。	各参加者が使用している香水	脳画像法
Arshamian et al. (2013)	予備調査を通して67名の参加者から15名（男性7名，女性8名，平均年齢24.7歳）が選ばれた。	Willander & Larsson（2006，2007）を参考に，日常的な20種類の匂い（シナモン，ウイスキー等）	脳画像法

※1　本章以降に取り上げる実験についても便宜上，記載しておく。

※2　MCQ: Memory Characteristics Questionnaire

※3　詳細は本文に記載したが，反復測定課題法ではまず言語ラベル手がかりによって想起される
　　　回目に言語ラベル手がかりによって想起された記憶特性と2回目に匂い手がかりによって想起

第2章　嗅覚と自伝的記憶研究の現状　　15

手がかり条件・比較対象	主な指標（従属変数）	主な結果
匂い・言語・写真	記憶特性評定値（情動性等），生起時期	記憶の情動性：写真＞匂い＝言語，追体験度：匂い＞写真＝言語，匂い手がかり条件のみ幼少期にバンプを確認
匂い・言語・匂い＋言語	記憶特性評定値（情動性等），生起時期	記憶の快度，追体験度，情動性：匂いのみ＞匂い＋言語＞言語 生起時期：匂いのみ条件において幼少期に顕著なバンプを確認
匂いイメージ・言語	記憶特性評定値（情動性等），生起時期	記憶の情動性，快度，鮮明度等：匂いイメージ＝言語 匂いイメージ手がかりで11歳以下の幼少期にバンプを確認
匂い・言語	生起時期	匂い手がかりでは6歳から10歳の時期にバンプを確認，言語手がかりでは11歳から20歳の時期にバンプを確認
匂い一致・匂い不一致・言語	記憶特性評定値（鮮明度等）	記憶の快度，鮮明度等：匂い一致＞不一致＝言語
匂い一致・匂い不一致・写真・言語	想起された記憶内容に関する自由記述の文章数	文章数：匂い一致＞言語＞匂い不一致＝写真
匂い一致・匂い不一致・言語	検索時間	匂い一致条件：課題あり＝課題なし，匂い不一致および言語ラベル条件：課題あり＞課題なし
年齢要因：大学生・高齢者，後続手がかり要因：匂いあり（匂い＋言語）・匂いなし（言語）	自伝的記憶の想起数	想起数：匂いあり＞匂いなし，年齢間による差はみられない
匂い・言語・写真	記憶特性評定値（情動性等）	記憶の情動性，追体験度：匂い＞写真，匂い＞言語※3
匂い・言語・写真・音	記憶特性評定値（情動性等）	記憶の情動性，追体験度：匂い＞言語＝写真＝音
匂い・写真	記憶特性評定値（情動性等），脳画像	記憶の情動性：匂い＞写真 扁桃体と海馬の賦活の程度：匂い＞写真
匂い・言語	記憶特性評定値（情勢性等），脳画像	記憶の情動性，追体験度，快度：匂い＞言語 海馬傍回，後頭葉，辺縁系等の賦活の程度：匂い＞言語

記憶が特定され，その後，匂いや写真手がかりによる2回目の想起が行われる。ここでの結果は1
された記憶特性との比較結果を示している。

記憶は，全体的に情動的でかつ鮮明であり，しかも古い出来事が多いことが示されたのである（Herz & Cupchik, 1992）。詳細は後述するが，Table 1 に示すように，匂い刺激それ自体の特性を操作した研究で匂い手がかり法は近年でも採用されている（e.g., Ehrlichman & Halpern, 1988）。しかしながら，匂い手がかりによる自伝的記憶の独自な想起効果を検証するという目的からいえば，この方法では比較対象がないため，得られた結果が匂い手がかりによる独自な効果であるかどうかが不明である。そこで，次の段階として言語ラベルや他の感覚知覚刺激による手がかりとの想起効果の比較が行われ始めた。

　手がかり比較法　匂い手がかり法をベースとして，匂い手がかりによって想起された自伝的記憶と，言語ラベルや他の感覚知覚刺激手がかりによって想起された自伝的記憶とを直接比較する方法を手がかり比較法（single cue comparison method）という。この方法を用いて，たとえば Rubin, Groth & Goldsmith (1984) は，匂い手がかりによって想起された自伝的記憶と，言語ラベル手がかりあるいは視覚的手がかり（写真）によって想起された自伝的記憶におけるそれぞれの鮮明度や情動性などの記憶特性を比較した。その結果，匂い手がかりによって想起された自伝的記憶は，他の手がかりによるそれよりも他人に話した回数と思い出す回数が少ないという興味深い結果が得られたものの，最も注目した鮮明度と情動性にはそれぞれの手がかりによって想起された自伝的記憶の特徴に有意な差がみられなかった。しかし，その後手がかり比較法を用いた研究からは，匂い手がかりによって想起された自伝的記憶が言語や写真手がかりによって想起された自伝的記憶よりも情動的で，追体験感覚を伴う程度が高いこと等が報告されている（Willander & Larsson, 2006, 2007; 類似した結果として，Hinton & Henley, 1993）。反対に，言語や写真手がかりによって想起された自伝的記憶の方が匂い手がかりによって想起された自伝的記憶よりも鮮明であることも示された（Goddard, Pring & Felmingham, 2005）。このように期待された結果が出ないだけでなく，研究によって結果が一貫しないのは，手がかり比較法に何らかの改善すべき点があ

ると考えることができるだろう。以下では手がかり比較法の問題点に着目し，それらを克服し得る新たな方法論として，反復測定課題法と二重手がかり法を提案した研究を紹介する。

反復測定課題法　手がかり比較法では，手がかりによってそれぞれに想起される自伝的記憶が異なっている可能性が指摘され，それらを直接比較することの妥当性について議論が行われた（Herz & Schooler, 2002）。たとえば，コーヒーの匂いと"コーヒー"という匂いラベル，そしてコーヒーがカップに入っている写真を手がかりにそれぞれの自伝的記憶を想起させたとしても，それらが必ずしも同じ出来事を想起させるとは限らない。Herz & Schooler（2002）は手がかりの違いによって異なる記憶が想起されていたとすれば，その想起の結果を直接比較することは妥当なものではないと考えた。

　そこで，Herz & Schooler（2002）は同一の自伝的記憶における手がかりの効果を比較するために，匂いや言語ラベルなどの手がかりを提示する前に，自伝的記憶を特定させる段階を設けた。記憶を特定する段階では，参加者はまず言語ラベル手がかりによって自伝的記憶を想起する。そして，特定された記憶について，匂い手がかりや他の手がかりが提示され，この記憶を精緻に想起し直す。このパラダイムは記憶を特定させる段階と，感覚知覚的手がかりによって自伝的記憶が促進される段階の2段階から構成されていることから，反復測定課題法（repeated measures paradigm）と呼ばれている。反復測定課題法を用いて，同一の自伝的記憶についての各手がかりによって想起された自伝的記憶の特徴を比較した結果，匂い手がかりによって想起された自伝的記憶が視覚的手がかり（Herz & Schooler, 2002），あるいは聴覚的手がかり（Herz, 2004）によって想起されたそれよりも情動的でかつ追体験したような感覚を多く伴うことが示された。

二重手がかり法　手がかり比較法で想起された自伝的記憶の特徴は，手がかりによる想起効果を反映したものと想定されている。しかしながら，たとえば Chu & Downes（2002）が指摘するように，自伝的記憶は記銘時の統制

が不可能であることから，手がかり比較法で想起された自伝的記憶の特徴は手がかりによる想起効果だけでなく，記銘時の影響を受けている可能性がある。そこで，記銘時の影響を排除し，手がかりの想起効果のみに注目した新たな実験手法が開発，採用されている。それが二重手がかり法（double-cuing methodology）である（Chu & Downes, 2002）。

　二重手がかり法は，そもそも匂い手がかりの想起における有効性を示した Aggleton & Waskett（1999）の日常場面での研究を発展させたものである。Aggleton & Waskett（1999）はバイキングの特有な匂いが充満しているイギリスのヨービックバイキングセンターという博物館の訪問者を対象に，展示内容を記銘材料として捉え，これに及ぼす匂い手がかりの想起効果を検討した。しかし，手がかり比較法では，想起した展示内容は博物館を訪れた回数，最後に訪れた時が参加者によって異なるため，単純に比較することはできない。そこで Aggleton & Waskett（1999）は想起を２段階に分け，初めの匂い手がかりによる想起に続き，後続の匂い手がかりを提示し，先行して想起した記憶をさらに精緻に想起させる方法を考案した。この２回目の想起にも当然個人による経験の差が含まれるが，２回目の想起によって増加した情報量は純粋に後続手がかりの想起効果であると考えられる。Aggleton & Waskett（1999）はこの２度目の手がかりによって増加した情報量を指標とすることで，問題であった記銘時における個人経験の違いを統制した。

　Aggleton & Waskett（1999）の研究方法に基づいた，Chu & Downes（2002）による二重手がかり法は以下の手順によって行われる。まず，先行手がかりとして言語ラベルを提示し，それに関した自伝的記憶の想起を求める。その後，先行手がかりである言語ラベルと一致した実際の匂いが提示される条件（匂い一致条件），不一致な匂いが提示される条件（匂い不一致条件），同じ言語ラベルが再度提示される条件（言語ラベル条件）の３条件に分けられる。これらの条件ごとに，後続手がかりによって先ほど想起した記憶をさらに詳細に想起するように求める。鮮明度や情動性などに関する評定値に注目し，後続

手がかりによって増加した値を条件ごとに比較した結果，匂い一致条件では他の条件よりも鮮明でかつ情動的な自伝的記憶が想起された。その後，この方法を用いた別の研究でも同様の結果が追認されている（Maylor, Carter & Hallett, 2002）。

　以上のように，新たに開発された方法によって，匂い手がかりでは言語ラベルを中心とする他の種類の手がかりよりも，鮮明でありかつ情動的な特徴をもつ自伝的記憶が想起されることが示唆された。

　脳画像法　ここまで見てきたように，様々な実験的手法から匂い手がかりによる自伝的記憶の独自な想起効果が確認されている。これらの方法では生理学的基盤について検討することは難しいが，近年の fMRI (functional magnetic resonance imaging) をはじめとする脳画像法の発展から，匂い手がかりによる自伝的記憶の想起時における脳活動および活動部位についても検討が行われている（e.g., Larsson et al., 2014; Saive, Royet & Plailly, 2014）。これらの研究では，指標として実験法で使用されてきた評定法と併用して脳画像法が活用される。たとえば，Herz et al. (2004) は，嗅覚系が情動に関する処理を司る扁桃体（amygdala）と直結していることに注目し，こうした脳内の処理機構が自伝的記憶の想起に及ぼす影響を検討した。匂い手がかりと視覚的手がかりにおける想起の様相を fMRI を用いて比較した結果，匂い手がかりによって自伝的記憶が想起される場合の方が，視覚的手がかりによって想起が行われる場合よりも情動的で鮮明な自伝的記憶が想起され，かつ扁桃体と記憶に関する処理を司る海馬（hippocampus）がより賦活されることが示された。類似した結果は Masaoka et al. (2012b) からも報告されている。また，Arshamian et al. (2013) は反復測定課題や二重手がかり法と類似した手続きを用いた検討を行った。まず，参加者に匂いを手がかりとして自伝的記憶の想起を求める。その後，匂い手がかりあるいは言語手がかりを提示し，先ほど匂いで想起した記憶を再度想起させる際の脳の活動部位を fMRI によって比較した。その結果，匂い手がかりでは言語手がかりよりも，快でかつ情動

的で，追体験感覚を伴う出来事が想起されやすいことが示され，さらに海馬傍回（parahippocampus）や，視覚的な情報処理を行う後頭葉（occipital lobe）や楔前部（precuneus），情動的処理を行う辺縁系（limbic）が賦活されることがわかった。すなわち，実験的手法によって得られた結果が脳画像法による結果と対応することが示されたのである。

第2節　自己－記憶システムによる解釈

　ここまで，匂い手がかりによる自伝的記憶の研究における主な方法と結果について述べた。従来の研究を展望することによって，方法論こそ異なるものの，匂い手がかりでは情動的でかつ鮮明な自伝的記憶が想起されるという結果が複数の研究から支持されていることが明らかになった。それでは，このような実験結果をどのように説明するのであろうか。説明可能なモデルの1つとして，従来の研究では Conway & Pleydell-Pearce（2000）の自己－記憶システム（Self-Memory System, 以下，SMS）が採用されてきた。このモデルは Conway（2005）によってさらに洗練されているので，ここでは新たなモデルをもとに解釈していく。Conway（2005）の SMS では，自己の過去に関する様々な情報は抽象度の異なる階層構造を形成し，貯蔵されている。階層は大別して自伝的知識（autobiographical knowledge）とエピソード記憶（episodic memory）からなる。このうち自伝的知識はさらに細分化されており，抽象度の高い上位から順に，ライフストーリー（life story：個人に関する事実，評価，自己イメージ），テーマ（theme：仕事や対人関係等に関する主題），人生の時期（lifetime period：大学時代など時系列に基づいた情報），一般的な出来事（general events：特定の時間，場所の出来事や何度か繰り返し，経験した出来事の知識）である（Figure 1 参照）。そして，自伝的知識のさらに下層に，最も具体的で詳細な情報として，出来事を通して経験した感覚知覚情報や感情情報などのエピソード記憶が貯蔵されている。

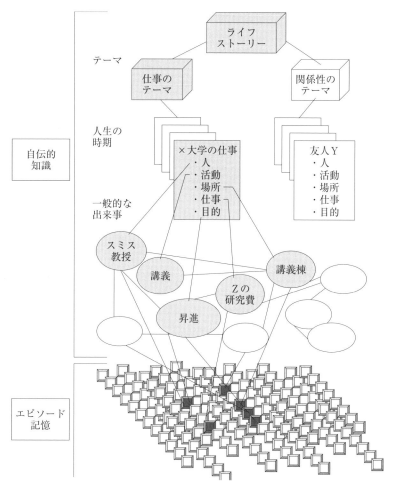

Figure 1　自己−記憶システムにおける自伝的記憶の知識構造(Conway, 2005を改変)

　自伝的記憶が想起される多くの場合には，手がかりに基づいて上位の階層から下位の階層に向けて，情報の探査と照合が循環的に繰り返される。それによって，次第に自伝的記憶構造内の情報が活性化され，ここで活性化された情報それ自体が自伝的記憶となり，想起に至る。この過程を生成的検索

（generative retrieval）という。

　一方，想起者にとって極めて特定的な手がかり，たとえば匂い等の感覚知覚的手がかりの場合には，生成的検索でみられる探査，照合の過程が省略され，感覚知覚情報が貯蔵される最下層のエピソード記憶にまず検索が行われる。そして，そこで手がかりに対応した表象が活性化されることにより，“あの時，あの場所で嗅いだ匂い”のように，その手がかりに特定的な出来事が想起されるのである。この過程を直接的検索（direct retrieval）という。

　生成的検索では最下層まで情報の探査が行われる前に想起が完了してしまう場合があるが，直接的検索ではまず最下層の情報が活性化される。すなわち，匂いなどの感覚知覚的手がかりが，最下層に貯蔵される感覚知覚情報を直接活性化させ，そして活性化された情報が，“鮮明さ”や“思い出している”感覚を決定し，自伝的記憶を構成する。それゆえ，直接的検索では生成的検索よりも自伝的記憶構造内の最下層にある詳細な情報が豊富に活性化されるため，鮮明でありかつ情動的な自伝的記憶が想起されると考えられる。

　プルースト現象は直接的検索の代表例である（Conway & Pleydell-Pearce, 2000）。それゆえに，従来の研究では匂い手がかりで直接的検索が生起されるのに対して，比較される言語ラベル等の他の手がかりでは生成的検索が生起されると解釈されてきた。

　しかしながら，このような解釈を行うには，その根拠が不十分である。匂い手がかりによる直接的検索の生起については，Conway（2005）があくまでも直接的検索の例の一つとして，プルースト現象を取り上げたに過ぎず，事実，匂い手がかりで直接的検索の生起が確認されたわけではない。また，後に詳しく述べるが，これまで採用されてきた指標は想起過程を調べるには不十分なものであり，それが手がかりによる精密な検索過程の違いを反映しているとは考えにくい。さらに，既述のように，Conway（2005）のモデルは一般的な自伝的記憶に関する研究結果から自伝的記憶の構造およびそこでの検索を説明したものであり，匂い手がかりによる想起現象のみを説明するため

に提案されたものではないのである。したがって，このモデルを採用した解釈の妥当性には問題があると考えられる。

　そこで本研究では，Conway（2005）のモデルによる解釈の妥当性を検証するために，その前提とされてきた匂い手がかりによる直接的検索の生起と，他の手がかりによる生成的検索の生起について，それぞれ，第3章と第4章で検討していく。

第3章　無意図的想起事態での検討

第1節　問題の設定[3]

　既述のように，プルースト現象が本来は無意図的想起事態で生起したものであることから，Conway（2005）は直接的検索の典型例としてこの現象を取り上げている。そのため，本来は無意図的想起事態で検討されるべきではありながら，従来の研究では実験的手法を採用するため，そのほとんどが意図的想起事態での検討であった。このような背景から，匂い手がかりによる無意図的想起の生起がこれまで実証的な研究によって十分に明らかにされているわけではないのである。また，従来の研究の大半では，意図的想起事態の実験という枠の中で匂い手がかりによる想起現象が検討されてきたために，本来のこの現象の特徴が十分に反映されたものであったかどうかという点が，近年新たな論点となっている（Chu & Downes, 2004; Jellinek, 2004）。

　さらに，意図的想起事態と無意図的想起事態とでは，そこで想起される自伝的記憶の特徴が異なる可能性がある。たとえば，意図的想起事態で行われてきた従来の研究では，想起者は手がかりや教示（e.g., "できるだけ詳細な出来事を思い出すように"）に合致した出来事の想起が求められた。そのため，そこで想起された自伝的記憶はそれらの手がかりや教示に合致するものに限定されてしまう可能性が考えられる。

3　第3章第1節，第2節は次の論文に加筆修正を行ったものである。
山本晃輔（2008b）．においによる自伝的記憶の無意図的想起の特性：プルースト現象の日誌法的検討　認知心理学研究, 6, 65-73.

26

　一方，無意図的想起事態では実験者による手がかりや教示によって想起が方向づけられないため，そこで想起される記憶はそれらに合致するものに限定されないと考えられる。これに関して，日誌法で収集された自伝的記憶と，実験的手法により意図的想起事態で収集された自伝的記憶の特徴を比較すると，無意図的に想起された記憶の方が意図的に想起されたそれよりも特定的な出来事が多いなど，いくつかの特徴が異なることが示唆されている（e.g., Berntsen & Hall, 2004）。

　本来のプルースト現象を考慮する上で，いま一つの問題は，この現象で手がかりとなる匂いが想起者にとって過去の特定的な出来事と連合されていることである。それにもかかわらず，従来の研究で使用されてきた匂い刺激は，実験者が準備した一般的なものであった。それゆえに，これらの匂いはすべての実験参加者にとって特定的であることが保障されているわけではないのである。実験参加者によっては，その匂いを経験した出来事の想起が促進されない場合があると考えられる。

　だとすれば，これまでの意図的想起事態で実験的手法によって得られたデータが，必ずしもプルースト現象の特徴を十分に反映したものであるとはいえない。したがって，匂い手がかりで直接的検索が生起することを検証するためには新たな研究手法を採用する必要がある。しかしながら，上記の問題を解決するためには，匂い手がかりによって行われる想起が意図を伴って開始されたものではないことと，想起者にとって特定的な匂いが手がかりとなることを保障できるような事態を設定しなければならないのである。

　これら二つの要件の内，まず前者を満たす手法として，無意図的想起研究で採用されてきた手法があり，それらを援用することにより，無意図的想起事態での検討が可能になると考えられる。第2章で述べたように，これまで無意図的想起研究では日誌法と実験法が採用されてきた。これらの方法から，もう一方の要件である，匂い手がかりに関する問題を解決する方法を選択しなければならない。これらのうち，実験法を援用する場合には，匂いに関す

る課題を行わせることになるが，そこで使用される匂いは実験者によって選定されたものであるため，この問題を十分に解決しているとはいえない。これに対して，日誌法では手がかりは環境内にあり，実験者によって選定されたものではないため，この問題を解決しているといえる。だとすれば，ここでの二つの要件を満たす適切な方法として日誌法が考えられる。日誌法は無意図的想起が生起した直後に記録が開始されるため，リアルタイムに無意図的想起を記録することができる。加えて，日誌法では，想起時の活動や手がかりの特徴等の想起状況に関する詳細なデータ収集が可能となるため，それらと想起された出来事の特徴との共通性を探ることにより，無意図的想起の生起メカニズムを検討することが可能となるのである（e.g., Berntsen, 1996; 神谷，2003）。既述のように，すでに Mace（2004）が感覚知覚的手がかりによる無意図的想起の検討を行っているが，この研究は匂い手がかりに絞った検討ではないため，その特徴が十分に抽出されているとはいえない。

　そこでまず研究1および研究2では，日誌法を用いて匂い手がかりによる無意図的想起の実態を検討することにする。続く研究3および4では日誌法とは異なる方法を採用し，研究1，2での結果の妥当性や日誌法では測定することができない側面について検討を行うことにする。これら一連の無意図的想起事態からの検討により，匂い手がかりによる直接的検索の生起を明らかにする。

第2節　研究1：匂いによる無意図的想起の日誌法的検討

1．目的

　本研究では無意図的想起の研究で採用されてきた日誌法（Berntsen, 1996; 神谷，2003）を使用し，匂い手がかりによる直接的検索の生起を検討する。それだけでなく，手がかりとなる匂いの特徴や想起される自伝的記憶の内容

および特性に関するデータを同時に収集し，それぞれの内実を明らかにするとともに，それらの共通性を解明していく。

2．方法

参加者　大学生，大学院生30名（男性7名，女性23名）であった。平均年齢は25.3歳であった。事前に調査内容について十分な説明を行い，その中から参加に同意した者を参加者とした。

データ収集期間　1ヵ月間であった。

手続き　日誌法の手続きについては，Berntsen（1996），神谷（2003）を参考とした。参加者には個別，あるいは5名までの小集団で教示を行った。初めに，"日常生活において，ある匂いを嗅いだ瞬間にふと過去の出来事の記憶がよみがえってくることがあると思います。本研究は，このような現象がどのようにして生じるのかを解明するための基礎的な資料を収集しようとするものです。"と教示した。その後，参加者には匂いを嗅いだ瞬間に思い出そうとする意図がないにもかかわらず，ふと過去の出来事がよみがえってきた場合に，その状況および想起された内容を携帯させた日誌に記録するように求めた。日誌は調査期間中，常に携帯し，出来事を思い出した際にはできる限り早く記録するように教示した。

日誌は携帯の利便性を考慮し，名刺台の大きさのカードを使用した。カードは3枚を1組とし，1枚目には想起状況，2枚目には想起した出来事，3枚目には手がかりとなった匂いに関するデータがそれぞれ記入可能であった。

想起状況では，想起時の日時，活動内容，場所，現在の気持ちについて具体的な記述を求めた。また，現在の気分について快不快の程度を5段階で評定させた。想起した出来事では，出来事が生起した時期および想起された出来事の内容の自由記述を求めた。また，出来事が生起した当時の感情について感情喚起度と快不快度をそれぞれ5段階で評定させた。出来事の種類として，日常的に何回も繰り返されるような出来事を"概括"，それに対して1

度しか起こりえないような出来事を"特定"と分類するように教示した。想起頻度として、その出来事をどの程度繰り返して想起しているかを5段階で評定させた。判断基準は1ヵ月に1回程度を1，数ヵ月に1回程度を2，1年に1回程度を3，数年に1回程度を4，10年に1回程度を5と評定させた。また，従来のプルースト現象の研究で使用されていた追体験度は，その出来事を思い出した時に，あたかもそれを追体験しているかのようにどの程度ありありと思い出したかについて評定させた。いずれの評定値も5段階であった。手がかりとなった匂いに関する記入内容は，匂い手がかりとそれによって想起された自伝的記憶の特徴を検討した Herz & Cupchik (1992) を参考に作成された。匂いの命名が可能である場合には，具体的な匂い内容を記述するように求めるとともに，その際の命名の容易度を評定させた。同時に，手がかりとなった匂いのこれまで経験した程度を熟知度として評価させた。また匂いの感情特性として，感情喚起度と快不快度を評定させた。さらに，匂いの強さについても同様に評定を求めた。いずれの評定値も5段階であった。

　これらのカードは初回に10組をセットとして配布し，5組を記入し終えた時点で実験者に連絡し，日誌の追加配布を求めるように教示した。配布日から1ヵ月後に日誌を収集した。

3．結果と考察

　日誌法によって合計112ケースが収集された。期間内に想起された出来事の平均数は3.9ケースであり，最少で0ケースが1名，最多で11ケースが1名であった。これまでプルースト現象は生起頻度の少ない，極めてまれな現象として考えられてきたが（e.g., Berntsen, 2007)，個人差はあるものの，実際には1ヵ月の間に数回は経験し得ることがわかった。このことは，匂い手がかりによって無意図的想起が生起することを示している。ここで得られたデータをもとに，Berntsen (1996)，神谷（2003）を参考に以下の分析を行う。

　第1に，匂い手がかりによって無意図的に想起された自伝的記憶の特徴と

その内容を分析する。第2に，手がかりとなった匂いの特徴とその内容を分析する。第3に，快，あるいは不快な気分の時にそれと一致した出来事が想起されやすくなる現象である感情一致効果（mood congruent effect）を検討する。第4に，匂い手がかり以外の手がかりがプルースト現象の生起に副次的に影響しているかどうかを調べるために，想起時の活動に注目し，検討を行う。最後に，日誌法によって得られたデータと実験手法によって得られたデータを比較し，それらの差異を検討する。

　想起された自伝的記憶の特徴　まず，本研究で得られた自伝的記憶の内容やその特徴についてまとめる。出来事の内容について，2名の評定者が独立して分類を行った（一致率 = .88）。2名の評定者の内，1名は調査者であり，もう1名は研究目的に関して知らされていない心理学専攻の大学院生であった[4]。不一致な内容については協議によって分類した。その結果，"料理・食事" 17.1%（e.g., "家族揃って韓国料理を食べに行ったこと"），"場所" 16.1%（e.g., "独特なにおいのする美容室で髪を切ったこと"），"旅行" 12.5%（e.g., "ソウルに旅行に行って，その街を初対面の方と共に歩いていたこと"），"人" 11.6%（e.g., "幼いころによく遊んでもらった隣のお兄ちゃんのこと"），"学校・仕事" 11.6%（e.g., "学校のプールの授業で泳いだこと"），"化粧" 8.9%（e.g., "高校生の時に気に入っていた香水をつけていたこと"），"移動" 7.1%（e.g., "学校から友人と帰る時によく金木犀の香りを嗅ぎながら帰ったこと"），"遊び" 5.4%（e.g., "チューブに入っていて，中のゴムのようなものをストローの先にとって膨らませて作る風船で楽しく遊んでいたこと"），"恋愛" 4.5%（e.g., "彼とひどい別れ方をしたこと"），"記念日" 3.6%（e.g., "家で開いてもらった誕生日パーティー"），その他 1.8%（e.g., "雨のにおいってあるなぁと感じていたこと"）の11カテゴリに分類された。また，想起された自伝的記憶の特徴に関する評定値を集計した結果 (Table 2)，厳密にいえば，何かと比較する必要があるものの，感情喚起度が

4　これ以降のケースの分類は同様の2名が行った。

第 3 章　無意図的想起事態での検討　　31

Table 2　想起された出来事の特性評定値の分布

	評定段階（%）					平均値	SD
	1	2	3	4	5		
感情喚起度	16(14.3)	51(45.5)	26(23.2)	13(11.6)	6(5.4)	2.48	1.04
快—不快度	23(20.5)	36(32.1)	27(24.1)	20(17.9)	6(5.4)	2.55	1.16
想起頻度	6(5.4)	26(23.2)	27(24.1)	24(21.4)	29(25.9)	3.39	1.24
追体験度	13(11.6)	34(30.4)	25(22.3)	14(12.5)	26(23.2)	3.05	1.35

注.（　）内の数値は%を示す．各項目の評定段階は以下の意味を反映している．感情喚起度：1 ＝
とても強い，2 ＝やや強い，3 ＝普通，4 ＝やや弱い，5 ＝とても弱い，快—不快度：1 ＝と
ても快，2 ＝やや快，3 ＝どちらでもない，4 ＝やや不快，5 ＝とても不快，追体験度：1 ＝
とても高い，2 ＝やや高い，3 ＝普通，4 ＝やや低い，5 ＝とても低い，想起頻度は本文参照

強く，快であり，追体験度が高く，想起頻度が少ない出来事が想起されやす
いことがわかった。

　また，出来事の種類に関して“概括”か“特定”かの分類を求めたデータ
を集計した結果，“概括”が44.6%，“特定”が55.4%であり，“特定”的な
出来事の方が“概括”的な出来事よりもやや多かった。

　出来事の生起時期について記述データをまとめると，小学生時代以前
38.1%，中学生時代4.8%，高校生時代4.8%，大学生時代28.6%，“最近”
と書かれたものが23.8%であり，小学生時代以前に生起した出来事が最も多
かった。中でも全体の9.1%が就学以前の幼少期の頃の出来事であった。

　手がかりとなった匂い　ここでは手がかりとなった匂いの特徴とその内容
を明らかにするために，自由記述と評定値のデータを分析する。

　まず，手がかりとなった匂いの種類を調べるために，匂いの命名内容に基
づき，2名の評定者が分類を行った。その結果，高い一致率(.96)が確認さ
れた。命名内容について“食品”26.8% (e.g.,ヨーグルト，コーヒー)，“薬
品・化学物質”17.0% (e.g.,接着剤，塩素)，“香水”16.1%，“植物”10.7%
(e.g.,ギンナン)，“場所”8.9% (e.g.,病院)の5カテゴリが得られた。その他
は“たばこ”，“ほこり・カビ”，“土”，“線香”，“動物”などであった。また
“わからない”，“不明”と記入されたもの，あるいは空欄であるものを命名

Table 3　手がかりとなった匂いに関する評定値の分布

	評定段階（%）					平均値	*SD*
	1	2	3	4	5		
強度	35(31.3)	53(47.3)	12(10.7)	7(6.3)	5(4.5)	2.05	1.03
熟知度	48(42.9)	45(40.2)	7(6.3)	8(7.1)	4(3.6)	1.88	1.04
快－不快度	21(18.8)	36(32.1)	35(31.3)	15(13.4)	5(4.5)	2.53	1.08
感情喚起度	19(17.0)	40(35.7)	40(35.7)	13(11.6)	0(0)	2.42	0.90
命名容易度	60(53.6)	23(20.5)	9(8.0)	12(10.7)	8(7.1)	1.97	1.30

注．（　）内の数値は％を示す。各項目の評定段階は以下の意味を反映している。強度：1＝とても強い，2＝やや強い，3＝普通，4＝やや弱い，5＝とても弱い，熟知度：1＝とても高い，2＝やや高い，3＝普通，4＝やや低い，5＝とても低い，快－不快度：1＝とても快，2＝やや快，3＝どちらでもない，4＝やや不快，5＝とても不快，感情喚起度：1＝とても強い，2＝やや強い，3＝普通，4＝やや弱い，5＝とても弱い，命名容易度：1＝とても易しい，2＝やや易しい，3＝普通，4＝やや難しい，5＝とても難しい

不可能とし，分類した結果，命名不可能であったのはわずか3％であった。このことから，ほとんどの匂い手がかりは命名可能であることがわかった。

　次に，匂い手がかりの特徴に関する評定値結果を Table 3 にまとめた。その結果，無意図的想起を生起させる匂い手がかりには一定の特徴があることがわかった。具体的には，命名が容易であり，強度が強く，熟知度が高く，快でかつ感情喚起度の強い匂いが手がかりとなることが多かった。

　感情による影響　Berntsen (1996)，神谷（2003）はいずれも想起時の気分と想起された出来事の感情特性との間に感情一致効果がみられることを報告し，感情を無意図的想起の生起を規定する要因の一つとして捉えている。

　匂いは感情誘導の手段として使用されるほどに (e.g., 谷口，1991)，感情喚起力が優れていることを考慮すると，匂い手がかりから喚起された感情が想起時の気分に影響を及ぼし，それによって感情一致効果が生起する可能性が考えられる。そこで，まず匂い手がかりの快不快感情特性と想起時の気分との評定値間に相関分析を行うと有意な相関が確認された（*r* = .31, *p* < .01）。すなわち，快な匂い手がかりによって想起が行われるほど，想起時の気分が快になることがわかった。このことは匂い手がかりの感情価が想起時の気分

第3章　無意図的想起事態での検討　33

Table 4　想起時の感情状態と出来事の感情特性に基づく分類

想起時の感情状態	出来事の感情特性			合計
	快	中立	不快	
快	42(67.7)	8(30.8)	9(37.5)	59
中立	11(17.7)	11(42.3)	5(20.8)	27
不快	9(14.5)	7(26.9)	10(41.7)	26

注.（　）内の数値は％を示す。

に影響し得ることを示唆している。上記の手がかりの特徴に関する分析より，快感情特性をもつ匂い手がかりが多かったことから，想起時の気分と想起された出来事の快感情特性との間に感情一致効果がみられることを予測し，先行研究にならった分析を行った。

　想起時の気分と出来事の感情特性について，ケースをクロス集計した結果がTable 4である。Table 4ではとても快とやや快を合わせて快とし，同様にとても不快とやや不快を合わせて不快とし，どちらでもないを中立として分類した。各出来事の想起を独立試行とみなし，中立における出来事の感情比率を期待値として，快な気分と不快な気分における出来事の感情比率に偏りがあるかどうかを検討した。その結果，いずれの感情状態においても有意な差が認められた（それぞれ $\chi^2 = 24.5$, $df = 2$, $p < .01$; $\chi^2 = 7.0$, $df = 2$, $p < .05$）。この結果から，Berntsen（1996），神谷（2003）と同様に感情一致効果が生起することが示唆された。

　想起時の活動　Berntsen（1996）は無意図的想起の手がかりを調べるために，想起状況の内容と想起された出来事の内容との共通点を分析した。その結果，二つ以上の共通点を含むケースが確認された。このことは，無意図的想起が単一の手がかりではなく，想起状況内の複数の手がかりによって生起する可能性を示唆している。一般的に，プルースト現象は匂い手がかりによって生起するものであると考えられているが，実際はBerntsen（1996）が示唆したように，他の手がかりが副次的に作用しているかもしれない。

34

Table 5　想起状況と出来事の内容と関連性

分類基準	出来事の例	出来事の数
活動・匂いとも一致	お風呂に入って本を読んでいるとき，入浴剤のにおいを嗅いで，受験前も入浴剤を使って同じようにしてよくお風呂で勉強していたことを思い出した。	25(22.3)
活動のみ一致	授業中ぼんやりと外を眺めていた時，ほこりっぽいにおいがして，中学生の頃の放課後，校庭をぼんやりと眺めていたことを思い出した。	2(1.8)
匂いのみ一致	授業中にどこからか木くずのにおいがして，昔おじいちゃんがストーブに入れる薪を作るために，チェーンソーを使って木を切っているのを隣りでずっと見ていたことを思い出した。	77(68.8)
活動・匂いとも不一致	混雑した電車の中でハンドクリームのにおいを嗅いで，当時住んでいた家のトイレで歌を歌っていたことを思い出した。	8(7.1)

注.　（　）内の数値は％を示す。

　そこで，ここでは Berntsen (1996) の研究から手がかりとして最も使用頻度の高かった想起時の活動に注目し，これが匂い手がかり以外の副次的な手がかりとして作用するかどうかを検討した。具体的には，想起状況と想起された出来事との間で，匂いと活動がそれぞれ一致しているかどうかを2名の評定者によって分類した（一致率 = .96）。分類の具体例および事例数をTable 5 に示す。その結果，これら4カテゴリの出来事の想起比率に有意な差がみられ（$\chi^2 = 124.5$, $df = 3$, $p < .01$），匂いのみが一致しているケースが最も多かった。すなわち，想起時の活動が副次的な手がかりとして作用することは少ないことがわかった。

　想起事態による記憶の特徴の違い　既述のように，日誌法によって収集された自伝的記憶は従来の実験法によるそれとは特徴が異なっている可能性がある。そこで最後に補足的ではあるが，本研究で得られたデータと実験室で

匂い手がかりによって意図的に想起された自伝的記憶の特徴を調査した山本（2006）のデータとの比較を試みることとする。

　まず，山本（2006）で使用された匂い手がかりと，本研究で収集された匂い手がかりとで共通するものを探すと，"茶"があった。これについて想起された出来事の内容をみると，山本（2006）の結果では，"最近，友達と居酒屋に飲みに行ったこと"や"海の横のケーキ屋さんに母と行ったこと"などであったのに対して，本研究結果では"買おうかどうかかなり迷った末に買ったほうじ茶を飲んでみると，香りも味も良かったので，やっぱり買ってよかったなぁと思ったこと"であった。ケース内容から判断すると，前者よりも後者の方がやや詳細な記述が多いといえる。

　そこで，さらに詳細に検討するために，実験室で単語を手がかりとして想起された自伝的記憶と日誌法によって想起されたそれとの比較を行ったBerntsen & Hall（2004）を参考とし，日誌法によって得られたデータと実験室で収集されたデータとの評定値間の比較を行った。山本（2006）は匂い手がかりによって意図的に想起された自伝的記憶の快不快度，感情喚起度，追体験度，想起頻度について7段階の評定を求めている。本研究では5段階評定であり，これらの研究間には評定段階の違いがあるものの，試みとして同一のカテゴリに分類し直し，分析を行った。具体的には，山本（2006）のデータを評定段階の1と2，または6と7を合わせて，評定値の高いものあるいは低いものとしてそれぞれ1カテゴリとし，同様に，3と4と5を中立として1カテゴリとする計三つのカテゴリに分類した。日誌法によって得られたデータは，評定値の1と2，または4と5を合わせて，評定値の高いものあるいは低いものとしてそれぞれ1カテゴリとし，3を中立として1カテゴリとした計3カテゴリに分類した。

　その後，各ケースを独立試行とみなし，想起事態の違いによる出来事の想起比率を比較した。その結果，いずれの評定値においても有意な差が確認された（Table 6）[5]。すなわち，日誌法によって収集された自伝的記憶の方が実

36

Table 6 想起事態の違いによる記憶特性ごとの想起比率

快—不快度

収集方法	快	中立	不快	合計
実験	68(42.5)	72(45.0)	20(12.5)	160
日誌法	62(55.4)	26(23.2)	24(21.4)	112

$df=2$, $\chi^2=14.20$, $p<.001$

感情喚起度

収集方法	弱い	中立	強い	合計
実験	37(23.1)	90(56.3)	33(20.6)	160
日誌法	13(11.6)	40(35.7)	59(52.7)	112

$df=2$, $\chi^2=30.58$, $p<.001$

想起頻度

収集方法	少ない	中立	多い	合計
実験	105(66.0)	38(23.9)	16(10.1)	159
日誌法	53(47.3)	27(24.1)	32(28.6)	112

$df=2$, $\chi^2=16.66$, $p<.001$

追体験度

収集方法	低	中立	高	合計
実験	60(37.5)	57(35.6)	43(26.9)	160
日誌法	40(35.7)	25(22.3)	47(42.0)	112

$df=2$, $\chi^2=8.46$, $p<.005$

注. （ ）内の数値は％を示す。

験法によって収集されたそれよりも，快であり，感情喚起度が強く，想起頻

5　山本（2006）のデータ分類については，これ以外にも評定段階の1から3，4，5から7の3カテゴリに分類するパターンも考えられる。試みに，山本（2006）のデータをこれらの3カテゴリに分類した結果，快不快度では快：97ケース（60.6%），中：33ケース（20.6%），不快：30ケース（18.8%），感情喚起度では弱：62ケース（38.8%），中：20ケース（12.5%），強：78ケース（48.8%），想起頻度では少：123ケース（77.4%），中：5ケース（3.1%），多：31（19.5%），追体験度では低：85ケース（53.1%），中：9ケース（5.6%），高：66ケース（41.3%）であった。想起事態の違いを検討した結果，快不快度以外に有意な差が見られた（快不快度，$\chi^2=0.75$；感情喚起度，$\chi^2=33.90$；想起頻度，$\chi^2=35.91$；追体験度，$\chi^2=19.05$，それぞれ $df=2$，快不快度のみ $n.s.$,その他はそれぞれ $p<.001$）。本文での分析結果とは厳密には異なるものの，類似した結果であった。

度が多く，追体験度が高い出来事であることがわかった。

　また，匂い手がかりによって想起された自伝的記憶の特徴を分析した Herz & Cupchik（1992）のデータをみると，参加者の平均年齢は18歳であり，出来事の生起時期については実験実施日より10年以上前に起こった出来事が全体の25.6%であった。このデータが本研究における小学生時代以前のデータ（38.1%）に相当すると考えると，実験室で行われた Herz & Cupchik（1992）の研究よりも日誌法を用いた本研究の方が古い記憶の想起率が高いことがわかった。

　以上のように，研究1では，従来の研究における意図的想起事態のみの検討が匂いによる想起現象の特徴を明らかにするためには不十分であることを問題とし，これを解決するために無意図的想起事態に注目し，日誌法による検討を行った。その結果，①1ヵ月に平均約4回の匂い手がかりによる無意図的想起が生起すること，②想起された自伝的記憶は従来の実験手法で得られたそれよりも古く，追体験感覚を伴うなどの特徴を有すること，③快であり，感情喚起度が強く，命名の容易な匂いが手がかりとなりやすいこと，④想起時の気分と想起された出来事の感情特性との間に感情一致効果がみられること，⑤匂い以外の副次的な手がかりは利用されにくいことなどの新たな知見が得られた。

第3節　研究2[6]：匂いによる無意図的想起の機能に関する
　　　　　　　日誌法的検討

1．目的

　研究1では，匂い手がかりによる無意図的想起現象の生起が確認された。しかしながら，参加者が30名である点を考慮すると，その結果の信頼性については さらなる検討が不可欠であるといえる。そこで研究2では，研究1の約10倍の参加者を対象として日誌法を用いた検討を行い，その信頼性を確認することが第1の目的である。

　ところで，最近の無意図的想起研究では，無意図的想起それ自体にいかなる役割があるのかといった機能に関する検討が行われ，重要視されている（e.g., 神谷，2003; Rasmussen & Berntsen, 2009）。意図的想起とは異なる無意図的想起の機能として，神谷（2007, 2010）によれば，自己確認機能（過去の自分自身を認識する機能），他者確認機能（過去の人生にかかわった他者を認識する機能），方向づけ機能（現在や将来の思考や行為に影響を与える機能）の3つが提案されている。そして，無意図的想起が生起した後の行為や思考の内容に関する自由記述を日誌法によって収集し，それらを3つの機能ごとに分類した結果，自己確認機能が47.6%，他者確認機能が35.6%，方向づけ機能が16.6%であった。すなわち，無意図的に想起される自伝的記憶の機能として，自己確認機能が優位であることがわかる。

　それでは，匂い手がかりによる無意図的想起の機能はどうであろうか。こ

6　研究2は，次の論文に分析を追加し，加筆・修正を行ったものである。
山本晃輔・猪股健太郎・富高智成（印刷中）．匂い手がかりによって無意図的に想起された自伝的記憶の機能　日本味と匂学会誌

れまで，匂いによる無意図的想起研究では機能に関する検討は行われていない。全般的な無意図的想起研究の結果と同様に，自己確認機能の優位性が示される可能性もあるが，それらと異なったパターンの結果が示される可能性が考えられる。たとえば，研究1の想起後の感想に関する記述では，"家族4人で生地の量や具の内容（次に何を入れるかなど）をわいわい言いながら，お好み焼きを焼いていたことを思い出した"というケースにおいて，"最近，家族そろってご飯を食べることが減っている。もっと増やしていきたいと思う"という匂い手がかりによる無意図的想起の生起によって，今後の行為が調整されるケースがいくつかみられた。

　また，山本（2010）は匂い手がかりによって無意図的想起が生起した後の想起者の感想に関する自由記述内容に注目し，それらの内容が匂い手がかりとそれ以外の手がかりによって異なるかどうかを検討した。その結果，匂い以外の視覚や聴覚的手がかりの場合には，"そんなこともあったなぁ"，"なつかしい"といった過去の回想を中心とした思考内容が多かったのに対して，匂い手がかりの場合には，"小学生の時に，友達と仲良く遊んでいたことを思い出した。懐かしくなったのでその友達と会いたくなり，連絡をとった"というような回想的な思考だけにとどまらず，その後に行為を方向づけるようなケースが多くみられた。

　さらに，最近では匂い手がかりによって今後行う未来の事象の想起が促進される結果も報告されている（Miles & Berntsen, 2011）。たとえば，Miles & Berntsen（2011）は匂い，言語ラベル，視覚刺激をそれぞれに手がかりとして提示し，過去の出来事，あるいはこれから未来に起こり得る出来事を喚起させた。その結果，現在から15年前および20年前の過去の出来事では，匂い手がかりによって想起された自伝的記憶の想起率が視覚的手がかりや言語ラベル手がかりによって想起されたそれよりも多かった。一方，未来の事象について，匂い手がかりでは他の手がかりよりも直近の出来事が多く喚起される傾向にあった。これら一連の知見は匂い手がかりによる無意図的想起の機

能として，想起後に何らかの思考や行動が方向づけられる方向づけ機能が優位になる可能性を示唆していると考えられる。

そこで本研究では，第2の目的として匂い手がかりによる無意図的想起の独自な機能を解明すべく，従来の研究と同様に日誌法を採用し，想起後の思考や行為の内容の質的分析を行う。

2．方法

参加者　大学生313名（男性155名・女性158名）であった。平均年齢は19.3歳であった。

手続き　教示，日誌の作成については基本的に研究1に従った。参加者には匂いが手がかりとなり，思い出そうとする意図がないにもかかわらず，ふと過去の出来事がよみがえってきた時に，日誌にその状況（想起場所，想起時の活動など），想起されたエピソードの内容および想起後の気持ち・行為に関する自由記述，さらに評定値への記入を求めた。評定値については，感情喚起度（1＝弱い～5＝強い），快不快度（1＝快～5＝不快），想起頻度（1＝少ない～5＝多い），重要度（1＝低い～5＝高い），鮮明度（1＝低い～5＝高い）の5種類であった。日誌は配布から，1ヵ月後に回収され，その期間内で最初に生起した1ケースについて記述させた。

3．結果と考察

想起された記憶の特徴　全体で298ケースが収集された（95.2%）。すなわち，多数の参加者を対象とした場合にも，最低でも月に1回程度は匂い手がかりによる無意図的想起が生起されることが確認された。また，各評定値の平均値を算出すると，感情喚起度3.70（$SD=1.05$），快不快度2.64（$SD=1.38$），想起頻度2.46（$SD=1.28$），重要度2.61（$SD=1.36$），追体験度2.71（$SD=1.21$）であり，若干の違いは見られるものの，概ね研究1と類似するものであった。すなわち，研究1の結果が多人数を対象とした場合にも追認

されることが示され，一定程度の結果の信頼性が示唆された。

無意図的想起の機能分類　無意図的想起の機能の分類については，日誌での想起後の思考・行為欄に自由記述された内容をもとに行った。具体的なカテゴリとしては，神谷（2007，2010）を参考に，自己確認機能，他者確認機能，方向づけ機能の3カテゴリを採用した。分類は2名の評定者によって独立して行われた。分類の一致率は94.87％であり，コーエンのカッパ係数を算出すると $K = .90$（$p < .001$）であった。不一致なケースは協議によって分類された。各機能のケース数，比率および具体例を Table 7 に示す。各試行を独立試行とみなし，カテゴリ間に差がみられるかどうかを調べるために χ^2 検定を行った。その結果，有意な差がみられ，方向づけ機能に分類されたケースが他の機能に分類されたケースよりも多いことがわかった（$\chi^2 = 106.85$，$df = 2$，$p < .001$）。

従来の一般的な無意図的想起研究では自己確認機能が最も多かったが（神谷，2007），本研究ではそれとは異なる結果が得られた。厳密には，他の手がかりによる無意図的想起の機能と直接比較する必要があるが，匂い手がかりでは方向づけ機能が多く生起する可能性が考えられる。

補足的な分析として，山本（2010）に倣い，本研究においても方向づけ機能に分類されたケースのうち，思考のみが方向づけられたケースと実際に行為の生成に及んだケースとを分類した。分類手順は既述の機能の際に行った

Table 7　機能ごとのケース数および具体例

機能	ケース数（％）	具体例
自己確認	68(23.36)	中学生時代のクラブでの練習を思い出し，当時の自分にとってはとてもしんどかったなぁと懐かしく思った。
他者確認	29(11.24)	中学校の時に通っていた塾の好きな先生を思い出して，そんな人がいたなぁと思った。
方向づけ	161(62.40)	高校生の時に駅伝の大会に出たことを思い出して，当時のメンバーに会いたくなり連絡をした。

手順と同様であった。その結果，方向づけ機能に分類されたケースのうち，行為の生成に及んだケースは全体の46.58％であった。これら一連の結果は，匂い手がかりによって無意図的に想起される自伝的記憶では，方向づけ機能をもつものが多く，さらにそれは行為の生成にまで及ぶ可能性が示唆された。

機能と記憶特性の関連性　神谷（2010）は無意図的想起の機能の詳細を検討するために，自伝的記憶における快不快度などの記憶特性と機能との関連性を検討した。その結果，方向づけ機能に分類されたケースは快より不快な記憶が多いなどの興味深い結果が示されている。ここでも神谷（2010）に倣い，匂い手がかりによる無意図的想起の機能と記憶特性の関連性を検討した。他者確認機能に分類されたケースは33ケースと極めて少なかったため，今回の分析からは除外された。自己確認および方向づけ機能に分類されたケースを評定値の段階に基づき，さらに3つのカテゴリに分類した。各試行を独立試行とみなし，カテゴリ間の差を検討するために評定値ごとに χ^2 検定を行った結果，想起頻度以外に有意な差がみられた。分類されたケース数，比率，および検定結果を Table 8 に示す。

　分析結果の中でも特に快不快度において，自己確認機能と方向づけ機能の分類パターンが異なっていた。すなわち，自己確認機能では快と不快に分類されたケースがほぼ同数であるのに対して，方向づけ機能では快なケースが不快なケースよりも多かった。自己確認機能は主にアイデンティティ確立との関係が強調されており，そこでは快だけでなく不快な自伝的記憶であってもアイデンティティの中心成分となる可能性が主張されている（Berntsen, Rubin & Siegler, 2011; Rubin & Berntsen, 2008）。それゆえに，快不快度に差が生じなかったと考えられる。方向づけ機能では，快な記憶の想起を契機として，その経験を再体験するために行為や思考が生成されるケースが多かった。すなわち，神谷（2010）で示された適応との関係（Rasmussen & Berntsen, 2009）を示唆する不快な記憶の優位性はみられず，どちらかといえば快な記憶の優位性が確認された。

第3章 無意図的想起事態での検討　43

Table 8 各評定値における機能ごとのケース分類と検定結果

		弱・快・少・低 (1, 2)	中 (3)	強・不快・多・高 (4, 5)	χ^2値　$df = 2$
感情喚起度	自己	10(11.11)	31(34.44)	49(54.44)	4.96*
	方向	13(7.88)	39(23.64)	113(68.48)	
快不快度	自己	36(40.00)	17(18.89)	37(41.11)	6.92*
	方向	94(56.97)	25(15.15)	46(27.88)	
想起頻度	自己	54(60.67)	18(20.22)	17(19.10)	1.42
	方向	101(61.21)	25(15.15)	39(23.64)	
重要度	自己	54(60.67)	18(20.22)	17(19.10)	9.06*
	方向	69(41.57)	42(25.30)	55(33.13)	
鮮明度	自己	45(52.94)	25(29.41)	15(17.65)	4.95*
	方向	70(42.68)	44(26.83)	50(30.49)	

注.（ ）内の数値は％を示す。*p＜.05

　独自な機能の検討　ここまで行った無意図的想起の3つの機能分類はあくまでも無意図的想起全般を前提としたものであり，匂いによる独自な機能を反映しているとは限らない。そのため，収集されたケースを基に新たな分類を行い，従来の3つの分類基準が適切であるかどうかを検討する必要がある。そこで，想起後の思考・行為欄に自由記述された内容をもとに新たにKJ法を行った。具体的にはまず1名の評定者がいくつかのカテゴリを設けた後，別の評定者と協議し，各ケースのカテゴリ分類を行った。その結果，「行為の方向づけ」，「記憶の再解釈」，「情動変化」，「想起の連鎖」，「ノスタルジー」，「匂いの再評価」，「その他」の7カテゴリが得られた。各機能のケース数，比率および具体例を Table 9 に示す。カテゴリ間のケース数に差がみられるかどうかを検討するために χ^2 検定を行った。その結果，有意な差がみられ（$\chi^2 = 337.68$, $df = 6$, $p < .001$），「行為の方向づけ」に分類されたケースが最も多いことが示された。従来の一般的な無意図的想起研究では自己確認機能や他者確認機能といった自己や他者に関する機能カテゴリが存在したが，本研究結果ではそれらの機能は見出されなかった。さらに，「記憶の再解釈」

Table 9　匂いによる無意図的想起の機能の概要と例，およびケース数

機能の分類	概要	例	ケース数（%）
行為の方向づけ	想起が契機となり行動を起こす。または行動を起こすための意志決定を支える。想起内容を誰かに話したいという社会機能も含む。	また会いたいと思って連絡をとった。思い出したことについて人に話をした（話をしたくなった）。匂いのあった思い出の場所に行きたくなった。同じ香水を買おうと思った。～を食べたくなった。	147（50.87）
記憶の再解釈	想起を契機としてその記憶が自分にとってどのような意味があったのか再解釈を行う。	以前は嫌な記憶だったが今では笑い話。あの時の出来事は実は重要だったなぁと感じた。なぜその記憶を思い出したのか考えた。	37（12.80）
情動変化	想起を契機として現在の気分が快，あるいは不快に変化する。	リラックスしたと思う。思い出して気分がよくなる。思い出すだけでぞっとした。	32（11.07）
想起の連鎖	想起を契機として，その記憶と関連した出来事がさらに想起される。または，意図的に想起する。	思い出した記憶と関連のある出来事をさらに思い出した（思い出そうとした）。	30（10.38）
ノスタルジー	想起を契機としてその出来事を経験した時への郷愁感が生じる。	懐かしい。昔に戻りたいと思う。	29（10.03）
匂いの再評価	記憶の中の匂い表象と想起状況内の匂い刺激とを照合し，その評価を行う。	～を思い出していつもよりその食べ物をおいしく感じた。～の香りをいつもよりいい匂いに感じた。やはりこの匂いは好きな匂いだと感じた。	11（ 3.81）
その他	上記の例に含まれないケース	とくになし。	3（ 1.03）

や「ノスタルジー」などの新たな機能カテゴリが見出され，匂いによる独自な無意図的想起の機能が確認された。

　このような独自な機能は，想起された記憶の特性に依拠するのであろうか。ここでは試みに，機能の中でもその頻度が最も多かった「行為の方向づけ」に注目し，記憶特性がこの機能の生起に及ぼす影響を検討した。具体的には，

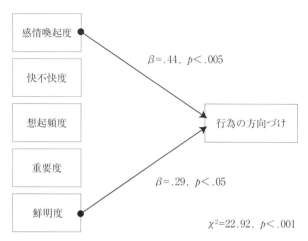

Figure 2　記憶特性が行為の方向づけ機能に及ぼす影響に関する
2項ロジスティック回帰分析の結果

　感情喚起度，快不快度，想起頻度，重要度，鮮明度を独立変数として，行為の方向づけ機能の生起の有無を従属変数とする2項ロジスティック回帰分析（強制投入法）を行った（Figure 2）。その結果，記憶の感情喚起度と鮮明度が行為の方向づけの生起に有意な影響を及ぼすことが確認された。記憶の情動性と鮮明度はいずれもこれまで匂い手がかりによる想起の独自な特徴として報告されてきたものである（Chu & Downes, 2002; Herz, 2004）。この点を考慮すると，匂い手がかりによって情動的でかつ鮮明な自伝的記憶が無意図的に想起されることを契機として，今後行うべき行為が方向づけられるのではないかと考えられる。すなわち，匂い手がかりによって想起される情動的で鮮明な自伝的記憶が行為の方向づけの生起を規定している可能性が示された。
　以上の検討から，研究1の結果の信頼性が確認され，さらに，匂い手がかりによる無意図的想起の独自な機能が見出された。

第4節　研究3[7]：匂いによる無意図的想起の中断報告法を
　　　　　　用いた検討

1．目的

　研究1，2では，匂い手がかりによる無意図的想起の生起が示唆され，さらに，感情一致効果がみられるなど，いくつかの新たな知見が発見された。このことから，日誌法は匂い手がかりによる無意図的想起を検討するには，十分に有用な方法であったといえる。

　しかしながら，日誌法はあくまで調査的な手法であり，十分な統制が困難である点や個人差が含まれる点など，いくつかの問題点が指摘されているのも事実である（e.g., Mace, 2007）。実際に，研究1では，1ヵ月間の無意図的想起の生起数が11ケースの参加者がいるのに対して，0ケースの参加者も存在している。それゆえに，本章での主要な目的である匂い手がかりによる直接的検索の生起について，十分に統制された実験状況下でさらに詳細な検討を行うべきであると考える。

　実験によって人為的に無意図的想起を生起させる手法の開発は近年行われ始めたばかりである。第2章でも少し述べたが，一般的な無意図的想起研究でいえば，たとえば，単語の連想課題（Ball, 2007）や，絵と単語を対にして学習させた後に単語の意味判断を求める課題（Hall, 2007）を用いて，課題中に生起される無意図的想起を検討するという手法が採用されている。それらとともに，他の研究における既存の方法を援用し，無意図的想起が生起され

7　研究3は，次の発表資料に加筆・修正を行ったものである。
山本晃輔・森田泰介（2008）．におい手がかりによるマインドワンダリングに及ぼす想起意図の効果　日本認知心理学会第6回大会発表論文集, 62.

るかどうかについて検討した研究も行われている。

　たとえば，森田・山本・野村（2007）はマインドワンダリング（mind wandering）に関する研究（e.g., Mason, et al., 2007）で用いられる中断報告法が無意図的想起の検討に援用可能であるかどうかに注目した。マインドワンダリングとは，退屈な課題を遂行している時に浮かんでくる遂行中の課題とは無関係な音声，イメージ，思考などである。そして，それらのデータを収集するための中断報告法とは，ある課題を遂行させ，課題中のあるタイミングで突如として課題の休止を求め，その際の思考内容を問うという実験手法である。

　森田ら（2007）はこの方法を用い，想起意図を付与する場合とそうではない場合のマインドワンダリングの生起頻度を比較することにより，得られたデータに無意図的想起が含まれているかどうかを検討した。その結果，想起意図の有無によって想起の様相が異なっていたことから，この実験で収集されるデータには無意図的想起が含まれていることが示唆されたのである。

　そこで本研究では，新たに中断報告法を採用し，匂い手がかりによるマインドワンダリングにおける想起意図の効果について検討することを通して，匂いによる無意図的想起が確認されるかどうかを検証する。具体的には，先に森田ら（2007）が行った研究と同様の課題中に匂い刺激を提示することにする。ここで，匂い手がかりによる意図的想起を生起させないためには，当然ながら，匂いが手がかりとして提示されることを参加者に教示してはならない。しかしながら，匂い手がかりによる無意図的想起の生起を期待するのであれば，いま提示する匂いに十分に注意を向けてもらう必要がある。

　この問題を解決するために，本実験ではダミー教示として，単純な課題の遂行に匂いが及ぼす効果を検討したものであることを参加者に教示した。このような教示によって，参加者に提示される匂いが手がかりであることを気づかせずに，かつ匂いに注意を向けさせることが可能になると考えられる。さらに，選択肢に“匂いに関係すること”を新たに追加する。もし中断報告

法によって得られる匂い手がかりによるマインドワンダリングに，無意図的想起が含まれているのであれば，想起意図の有無によって想起の様相が異なることが予測される。

2．方法

実験参加者　大学生・大学院生24名（平均年齢23.2歳）であった。想起意図の有無群ごとに12名ずつ割り当てられた。

刺激　匂い手がかりの有効性を検討した Schab（1990）の研究と同様に，チョコレートの匂いを刺激材料として使用した。材料は押すとポンプ式に匂いが出るスクウィーズボトルに入れ，提示時には白い紙を巻いて中身が見えないようにして使用された。匂い材料の分量，強度は匂いを知覚するのに十分な強さになるように実験者及び大学院生2名により調整した。刺激の提示時間は後に述べる数字課題の試行中のみであった。

手続き　個人実験であった。先行研究（森田ら，2007）に基づき，実験は匂いに関する教示，意図教示，数字課題，評定課題からなっていた。まず，匂いに関する教示では，本実験が単純作業に及ぼす匂いの影響を調べるものであるというダミーの教示をした。意図に関する教示として，想起意図あり群に対しては，後に行われる数字課題の遂行中に，できるだけ頻繁に未来の予定の記憶や過去の出来事の記憶，言葉やイメージなどを頭に思い浮かべるように求めた。想起意図なし群には，そのような教示がなされなかった。

続いて行われた数字課題は印刷された数字群のうち，“囲まれている部分がある数字”を検出して丸印をつけるというものであった。数字群は6行31列のランダムな数字から構成されていた。数字課題が開始された後，平均60秒経過した時点において，実験者は“止めてください。すぐに評定課題を行って下さい。”と教示し，課題の中断を求め，参加者にはその一瞬前に，7件の選択肢のうちのいずれのものについて考えていたのかを評定させた。

選択肢は，“匂いに関係すること”，“数字課題に関係すること”，“課題に

関係のない過去の記憶"，"課題に関係のない未来の予定"，"課題に関係のないイメージ・言葉など"，"その他"，"なし"であった。数字課題と評定課題のセットは5試行繰り返された。また，実験に先立って，数字課題の練習が1試行実施された。実験後には匂いに関する教示がダミーであったことと，実験の目的に関する説明がなされた。

3．結果と考察

想起意図の有無によって各内容の想起頻度が変動するかどうかを明らかにするために，5試行中何回想起が行われたかを想起頻度の指標として内容ごとに Figure 3 に示した。各内容の想起頻度が想起意図によって異なるかどうかを検討するために t 検定を行った。その結果，数字課題，未来の予定，イメージにおいて有意な差がみられた（$t(22) = 2.14; 5.41; 2.64$，数字課題のみ $p < .05$，その他は $p < .001$）。これらの結果は森田ら（2007）を追認するものであり，中断報告法によって得られた匂い手がかりによるマインドワンダリングに無意図的想起が含まれていることを示唆するものである。一方，匂いに関係する事象のマインドワンダリングにのみ想起意図の効果がみられなかった。

森田ら（2007）はマインドワンダリングに関する過程は処理資源を要する

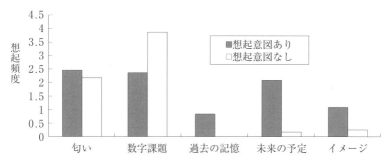

Figure 3　想起意図有無群におけるマインドワンダリング時の想起頻度

50

過程であると考えている。実際に本研究結果においても検索のための資源を必要としないと考えられる想起意図を付与しない群では，それを付与する群に比べて数字課題に関する思考が増加した。このことから，匂い手がかりによる無意図的想起事態には資源を必要としない過程，すなわち直接的検索が介在している可能性が考えられる。

第5節　研究4[8]：匂いによる無意図的想起の実験的検討

1．目的

　研究3では，中断報告法という実験法により匂い手がかりによる無意図的想起の生起が確認された。しかしながら，この方法では，従来の研究で示されてきた記憶の特性を測定することができない。それゆえに，中断報告法で収集された事象が確かに自伝的記憶であるという保証が確保されているとはいえないだろう。

　このような問題点を解決する方法の1つとして，第2章で述べた雨宮・関口（2006）によって開発された実験法がある。そこでは，課題の遂行後に無意図的に想起された自伝的記憶の特性等を評定させ，その特徴を検討している。既述のように，中島ら（2012）は雨宮らの方法を採用し，匂いによる無意図的想起の生起を確認しているが，そこでは従来の研究で採用されてきた記憶特性の評定値が使用されておらず，鮮明さや情動性といった匂い手がかりによる記憶の特徴が十分に測定されていない。そのため，実験法でも日誌法と同様の特性をもつ自伝的記憶が想起されているのかどうかが不明である。

8　研究4は，次の論文に加筆・修正を行ったものである。
山本晃輔（2016a）．匂い手がかりによる無意図的想起と嗅覚イメージ能力の個人差に関する実験的検討　大阪産業大学人間環境論集，15，1-12.

そこで本研究では，中島ら（2012）と同じ実験法を用いて，無意図的に想起された自伝的記憶の特徴を調べることにする。それによって日誌法で得られた結果と同様に，感情喚起度が高くかつ快であり，鮮明な自伝的記憶が想起されるのかどうかを検討する。この問題を明らかにすることが本研究の第1の目的である。

　第2の目的として，本研究では個人差に焦点を当てることにする。最近では個人差と記憶の関連性に注目した研究が増加しており，中でもイメージ能力の個人差が記憶成績に及ぼす影響についてはかねてから報告されている（e.g., 菱谷, 1982）。イメージは個人的な体験であり，それを直接知ることができないため，従来の研究ではイメージ能力を測定する尺度を用いてその個人差が測定されてきた。嗅覚イメージ能力の個人差測定においても，Gilbert, Crouch & Kemp（1998）による嗅覚イメージ鮮明度質問紙（Vividness of Odor Imagery Questionnaire, 以下 VOIQ）が開発され，その日本語版がすでに作成されている（山本・須佐見・猪股, 2013）。そして，VOIQ で測定された嗅覚イメージ能力が高いほど，意図的に想起された自伝的記憶の詳細さを測定する尺度得点が高くなることが報告されている（Willander & Larsson, 2008; 山本, 2013c）。自伝的記憶は特に個人差の影響を受けやすいことから（e.g., 山本, 2013d; Yamamoto & Toyota, 2013），イメージ能力の個人差が無意図的に想起される自伝的記憶に影響し得る可能性は十分に考えられる。しかしながら，嗅覚イメージ能力に注目した従来の研究はいずれも意図的想起事態であり，無意図的想起事態ではいまだ検討されていない。そこで本研究では，第2の目的として，匂い手がかりによって無意図的に想起される自伝的記憶と嗅覚イメージ能力との関係性について検討する。

2．方法

　実験参加者　大学生34名（男性21名，女性13名）であった。平均年齢は21.09（*SD*=2.33）歳であった。参加者は授業の一貫として実験に参加した。

刺激 山本・野村 (2010) による匂い刺激の実験材料リストからピーナッツとチョコレートを選定した。いずれも，実物を軽く砕いて使用した。刺激は押すとポンプ式に匂いが出るスクウィーズボトルで提示された。ボトルは中身が見えないように白い紙で覆った。匂い刺激の一度の提示時間は約10秒間であったが，参加者が再度提示を求めた場合には，さらに提示を追加した。匂い刺激の量は実験参加者が十分に知覚することが可能なように，事前に実験者によって調整された。

評定用紙 評定用紙はＡ４サイズ用紙計５枚であり，基本的な構成は中島ら (2012) に従った。１枚目はフェイスシートであり，年齢と性別の記入欄が記載された。２枚目は，匂い刺激の *SD* 評定であり，16個の形容詞 (e.g., 滑らかな－ざらざらした) に７段階評定で回答するものであった。３枚目も２枚目と同内容であった。４枚目は，無意図的想起に関する評定項目等が印刷された。冒頭には "最初の匂いの評価を行っている時のことについてお答え下さい" と印字され，匂い刺激を嗅いだ時に，これまでの人生の中で自分自身が経験した出来事を意図せずに思い出したかどうかが尋ねられた。この項目は "１＝はっきりと思い出した" から "４＝何も思い出さなかった" までの４件法であった。上記の項目で４以外を回答した参加者には，その記憶内容と生起時期の自由記述を求める旨を記載した。そして，想起された記憶特性として，感情喚起度 ("その出来事の感情の強さは１＝弱い～５＝強い")，快不快度 ("その出来事は１＝不快～５＝快い")，想起頻度 ("その出来事を思いつく頻度は１＝少ない～５＝多い")，重要度 ("その出来事は１＝重要でない～５＝重要である")，鮮明度 ("その出来事は１＝不鮮明である～５＝鮮明である") の評定が印刷された。次いで，匂いの命名の自由記述欄と，匂い特性に関する評定欄が記載された。匂い特性として，強度 ("その匂いの強さは１＝弱い～５＝強い")，感情喚起度 ("その匂いの感情の強さは１＝弱い～５＝強い")，快不快度 ("その匂いは１＝不快～５＝快い") の３項目が記載された。５枚目は２試行目の匂いについて，４枚目と同内容の項目が記載された。

VOIQ日本語版は，Ａ３用紙１枚であった。16項目でいずれも評定１が
「完全にハッキリしていて，実物の匂いを嗅いでいるようである。」，評定５
が「全くにおいがイメージできず，ただ言われたそのにおいについて自分が
考えているということが「わかっている」だけである。」の５段階評定であ
った。

手続き　最大14名からなる小集団実験であった。実験は授業時間の一部を
用いて行われた。実験参加者の同意が得られた後，配布された冊子に年齢と
性別の記入を求めた。最初に VOIQ が実施された。全員が尺度を終了した
のを確認し，実験者によって「本実験は匂いの印象に関する調査である」と
いう説明がなされ，実験が開始された。次にボトルを手渡し，側面を押しな
がら匂いを嗅ぎ，SD 評定を行うように教示した。評定終了後，次のボトル
が手渡された。ボトルの提示順序は，小集団ごとにランダムであった。SD
評定が完全に終了してから，ページをめくるように教示し，無意図的想起の
評定課題を行った。全員が課題を終えた後，本実験が自伝的記憶に関する研
究であると気づいていたかどうかを尋ね，続けてデブリーフィングを行った。
実験は約15分間であった。

３．結果と考察

無意図的想起の生起　本研究が自伝的記憶の実験であることに気づいてい
た参加者は１名もいなかった。無意図的想起の生起評定（１＝はっきりと思い
出した〜４＝何も思い出さなかった）について参加者ごとに２試行の平均値を
算出し，さらに全体の平均値を算出したところ，2.78（SD=1.08）であった。
また，全68試行中（２試行×34名），なんらかの想起が行われたと考えられる
１から３を評定したケースは39ケース（57.35％）であり，一定程度以上の無
意図的想起が生起されることが示された。想起内容の具体例としては，"友
達の誕生日のためにケーキを作ったこと"や"正月に母親と一緒に料理を作
ったこと"などがあった。

Table 10　匂いの正命名率および評定平均値と *SD*

	正命名率	強度	感情喚起度	快不快度
全体	0.69	4.06(0.87)	2.75(1.20)	3.32(1.08)
ピーナッツ	0.71	3.85(0.94)	2.65(1.23)	3.09(1.04)
チョコレート	0.68	4.29(0.73)	2.87(1.16)	3.58(1.07)

注.（　）内の数値は *SD* を示す。

匂い手がかりの特徴　手がかりとなった匂いの特徴について分析を行った。まず，命名について，自由記述の内容をもとに正しい命名かどうかの判断を行った。刺激名それ自体が正しく表記されている場合（e.g., ピーナッツ，チョコレート），あるいは命名内容に刺激名が含まれている場合（e.g., ピーナッツクリーム，チョコレートクッキー）に正しく命名されていると判断した。各匂い刺激と全体の正命名率および強度，感情喚起度，快不快度の平均値を算出し，Table 10 にまとめた。匂い刺激間でさほど大きな違いはみられなかったが，チョコレートの方がピーナッツよりも各評定平均値がやや高かった。全体的には，一定程度の強度があり，感情喚起度は中程度でやや快な匂い刺激であることが示された。

記憶特性　記憶特性を分析するために，2試行のいずれか，あるいは両方で無意図的想起が生起された26名を分析対象とした。各記憶特性について試行毎の平均値を算出し，さらに全体の平均値を算出した結果が Table 11 である。全体的に，やや感情喚起度が高く，快であり，想起頻度と重要度が低く，鮮明な自伝的記憶が想起されることがわかった。本来であれば直接比較すべきではあるが，本研究結果は概ね研究1および研究2での日誌法を用いた研究結果および意図的想起事態での実験結果を追認するものであった。

また，匂い特性との関連性を検討するために，同じ参加者を対象に匂い特性と記憶特性との評定値間の相関分析を行った。その結果，匂いの快不快度と記憶の快不快度との間に有意な相関関係が確認された（$r = .46$, $p < .05$）。加えて，匂いの感情喚起度と記憶の感情喚起度の間にも有意ではないものの

第 3 章　無意図的想起事態での検討　　55

Table 11　全体と各群ごとの記憶特性と VOIQ の平均値，*SD* および分析結果

| 項目 | 全体 | VOIQ | | *t* (*df*=21) |
		高群 (*n*=11)	低群 (*n*=12)	
無意図的想起の生起	2.34 (0.92)	2.27 (0.93)	2.42 (1.02)	0.35
感情喚起度	3.20 (0.94)	2.73 (0.75)	3.67 (1.01)	2.52*
快不快度	3.60 (0.93)	3.41 (0.86)	3.79 (1.08)	0.93
想起頻度	2.12 (1.02)	1.68 (0.68)	2.42 (1.26)	1.71†
重要度	2.06 (1.19)	1.59 (0.70)	2.46 (1.54)	1.71†
鮮明度	3.78 (1.13)	3.73 (1.29)	3.83 (1.13)	0.21
VOIQ 合計	42.44 (10.59)	52.55 (7.38)	33.25 (3.30)	8.21**

注. （　）内の数値は *SD* を示す。†*p*＜.10，*p*＜.05，***p*＜.001

一定程度の相関係数がみられた（*r*=.35）。さらに，匂いの感情喚起度においては，記憶の想起頻度（*r*=.50，*p*＜.05），重要度（*r*=.60，*p*＜.05），鮮明度（*r*=.44，*p*＜.05）に有意な相関関係が確認された。これらの結果は，匂いから喚起された感情が自伝的記憶の想起を規定する要因である可能性を示唆しているといえる。

嗅覚イメージ能力との関連性　VOIQ の全体的な平均値を算出すると，従来の結果（山本，2013c）とほぼ同様であることがわかった（Table 11 参照）。平均値に基づき，参加者を高群（*n*=11）と低群（*n*=12）に分けた。群ごとにVOIQ の平均値を算出し，その差を検討するために *t* 検定を行ったところ，有意な結果がみられ，高群の方が低群と比較して VOIQ 得点が高いことが示された（Table 11 参照）。すなわち，群分けの妥当性が確認された。群毎に各記憶特性の平均値を算出し，*t* 検定で比較を行ったところ，感情喚起度に有意差，想起頻度と重要度に有意傾向が確認された（Table 11 参照）。VOIQはその値が低いほど嗅覚イメージ能力が高いことを示しているので，嗅覚イメージ能力が高い群では，それが低い群と比較して感情喚起度，重要度，想起頻度が高い自伝的記憶が想起されることがわかった。

Engen（1982）によれば，匂いは判断そのものが感情判断であると考えら

れているほどに感情との結びつきが強いと説明されている。また，嗅覚の認知過程を検討した Wilson & Stevenson（2006）によっても，感情はその下位要素の1つとして考えられている。だとすれば，厳密には詳細な検討を行う必要があるが，嗅覚イメージを構成する要素の1つとして感情的な成分が存在している可能性が考えられる。嗅覚イメージに何らかの感情的な成分が存在していると仮定すれば本実験結果は以下のように考察される。嗅覚イメージ能力が高い群では，嗅覚イメージに関する感情的な成分が豊富に活性化されるため，それが低い群と比較して感情喚起度の高い自伝的記憶が想起されたと推測される。

　また，嗅覚イメージ能力が高い群では，それが低い群と比較して，嗅覚に関する全体的な情報が豊富に利用可能であるため，相対的に匂いを経験した出来事の想起が促進される。それゆえに，嗅覚イメージ能力が高い群ではそれが低い群と比較して記憶の想起頻度が多くなったと思われる。さらに，重要な出来事であれば，それ自体の想起可能性が元々高いため，嗅覚イメージ能力が高い群ではそれが低い群よりも想起が促進されたと推測される。ここで考察されたように，想起される記憶の重要度が高いほど，その想起頻度は高くなる可能性が考えられる。これに関して，全体の記憶の想起頻度と重要度の相関係数を算出すると $r=.66$（$p<.01$）であり，有意な中程度の相関関係が確認された。つまり，重要な出来事の記憶であるほど想起頻度が多くなることが示唆された。

　本章では，匂い手がかりが直接的検索を経ているかどうかについて，無意図的想起の観点から日誌法，中断報告法，実験法の3つの方法を用いて検討した。その結果，匂い手がかりによる無意図的想起の生起がいずれの研究方法でも確認された。このことから，匂い手がかりによる直接的検索の生起が実証的に示唆され，SMS の妥当性が支持された。次章では，意図的想起の観点から，匂い手がかりと言語ラベル手がかりによる想起過程の違いについて実験的検討を行う。

第4章　意図的想起事態での検討[9]

第1節　問題の設定

　第3章では，無意図的想起の観点から，匂い手がかりによる直接的検索の生起が確認された。それでは，第2章で述べたように，これまでこの研究領域で中心的に検討が行われてきた意図的想起事態ではどうであろうか。従来の研究では匂い手がかりによって想起された自伝的記憶と他の種類の手がかりによる自伝的記憶とを比較する方法の一つとして，二重手がかり法が用いられてきた（e.g., Chu & Downes, 2002）。この方法では，匂い手がかりによって想起された自伝的記憶が言語ラベル手がかりによって想起された自伝的記憶よりも鮮明でかつ情動的であることが示されている。二重手がかり法による結果は，匂い手がかりでは直接的検索が生起されるのに対して，他の手がかりでは生成的検索が生起されることを示唆するが，そこで採用されてきた指標は，想起された後でその記憶の特性を評定させたものでしかない。そのため，匂い手がかりによる検索以外のものが混在している可能性は排除されていない。たとえ生成的検索であっても，循環的な走査を繰り返すことにより，匂い手がかりと同じ情報を活性化している可能性は充分にあり得るのである。

　だとすれば，この指標による結果は直接的検索の生起を主張する証左とはなりえないのである。直接的検索の生起をより詳細に検討するためには，検

9　第4章は，次の論文に加筆修正を行ったものである。
山本晃輔（2008a）．におい手がかりが自伝的記憶検索過程に及ぼす影響　心理学研究，**79**，159-165.

索が完了した後の最終的な想起内容に関する指標ではなく，検索過程を直接
反映すると考えられる指標を採用する必要がある。

　検索過程を反映した有用な指標の一つとして，検索時間が考えられる。た
とえば，Haque & Conway (2001) によれば，生成的検索では循環的な探査
過程が介在されるが，直接的検索ではそれらの過程が除外されるため，検索
に要する時間が減少されると考えられている。そこで，以下の検討では意図
的想起事態における匂い手がかりによる直接的検索の生起を検討するために，
新たな指標として検索時間を採用することとする。

第2節　研究5：匂い手がかりと言語ラベル手がかりにおける　　　　　自伝的記憶想起過程の比較

1．目的

　本研究では，新たに検索時間を指標とする二重手がかり法を採用する。さ
らに，Haque & Conway (2001) によれば，生成的検索では循環的な走査過
程が不可欠であり，これにしかるべき処理資源を要するが，直接的検索は循
環的な走査が行われない自動的な過程であるため，それに要する資源は不必
要であると考えられている。そこでいま，Haque & Conway (2001) に倣い，
二重手がかり法の3条件に干渉課題を課す条件を新たに設けると，匂い一致
条件と匂い不一致条件では，直接的検索が生起されるため，干渉課題の影響
を受けないが，言語ラベル条件では生成的検索が生起されるため，課題の影
響を受けると予測される。

　しかしながら，匂い不一致条件では，これとは別の可能性が考えられる。
たとえば，Herz (2003) は匂いと同時に提示される言語情報の質的な違いに
よってその匂いの評価が変動したことから，匂いの記憶は匂いそれ自体によ
る処理と言語的処理によって二重に符号化されていることを主張している。

そのため，匂いに関する認知処理は言語情報の影響を受けやすいものと考えられる。

これに従えば，二重手がかり法では先行して言語ラベル手がかりによって検索が行われるため，後続の匂い手がかりによる検索は先行して活性化された言語表象の影響を受けざるをえない。それゆえ，後続の匂い手がかりを認知する際には，先行して活性化された言語表象と，いま入力される匂い情報とを照合する過程である同定処理が介在されるのである。

だとすれば，匂い一致条件では先行手がかりによって活性化された言語表象と，後続手がかりとして入力される匂い情報とが矛盾しないため，同定処理が促進されるが，匂い不一致条件ではこれに矛盾が生じるため，同定処理が困難になると考えられる。

もし，同定処理による促進，あるいは妨害が結果に影響しないのであれば，干渉課題を課した場合，匂い一致条件と匂い不一致条件では直接的検索が生起されるため，検索時間に変動がみられないが，言語ラベル条件では生成的検索が生起されるため，検索時間が長くなるであろう。

これに対して，もし同定処理が結果に影響を及ぼすのであれば，干渉課題を課した場合，匂い一致条件では同定処理が促進されることから，検索時間に変動はみられないが，匂い不一致条件では，同定処理が困難であることに加えて，干渉課題によってさらに同定処理が妨害されるため，検索時間が長くなるであろう。

2．方法

実験計画　後続手がかり3（匂い一致，匂い不一致，言語ラベル：between）×干渉課題2（あり，なし：within）の2要因混合計画であった。

実験参加者　大学生及び大学院生42名であった。条件毎に14名ずつを割り当てた。

実験機器　検索時間の測定をパーソナルコンピュータ（SONY VAIO コンピ

ュータ V-RX52）で行った。

刺激　匂い刺激は Chu & Downes（2002）を参考にしながら，国内におい
て日常的な匂いであるコーヒー，緑茶，レモン，バニラ，墨汁，日本酒，
チョコレート，醤油，グレープフルーツ，消毒剤，もも，ウイスキー，ショ
ウガ，カレー，紅茶の15種類を選択した。グレープフルーツ，もものみ精油
を使用したが，その他の刺激はすべて実物を使用し，実験毎に取り替えた。
Chu & Downes（2002）に倣い，これらの匂いをランダムに5種類ずつの3
組に分類した。その中からいずれかの刺激セットが，言語ラベル手がかりと
の一致，不一致を考慮し，条件ごとに選択された。刺激の提示形態は研究2
と同様であった。刺激の提示順序は，参加者間でカウンターバランスをとっ
た。

手続き　個別実験であった。まず，参加者には干渉課題の説明を行った。
干渉課題は1秒毎に音を鳴らし，そのタイミングに合わせて無作為な2桁の
数字から2ずつ減じ，所定の用紙に筆記させるという内容であった。参加者
が干渉課題について十分理解したのを確認し，直ちに本試行を開始した。

本試行は先行手がかりによる検索課題と，後続手がかりによる検索課題と
の2つの課題から構成されていた。先行手がかりによる検索課題では，"こ
れからある言葉を聞いて，それに関するこれまでの人生の中で自分自身が経
験した出来事について思い出して下さい。"と教示し，想起が完了した際に
は，その記憶内容について，口述で説明を行うように求めた。先行手がかり
である言語ラベルは，実験者によって口頭で聴覚提示された。参加者が想起
を完了し，想起内容の説明を終えた後，後続手がかりによる検索課題を行っ
た。

後続手がかりによる検索課題では，"これから，ある匂いを嗅いで（ある
言葉を聞いて），いまあなたが思い出した出来事について，さらに詳しく思い
出して下さい。"と教示した。後続手がかりが匂いである場合は，実験者が
参加者の鼻の前で匂い材料を入れた容器を押して提示した。言語ラベル手が

かりの場合は，先行手がかりによる検索課題と同様に聴覚提示した。その際に，後続手がかりを認知した瞬間と検索が完了した瞬間の2点に，できる限り速くキーを押すように求めた。この2回のキー押し間の時間を検索時間として測定した。干渉課題を行う条件では，この間に同時に課題を行うように求めた。想起完了後，想起内容について口頭での説明を求めた。これを1試行として計10試行が行われた。干渉課題は全10試行中の前半，あるいは後半の5試行に行われた。参加者が想起不可能であると判断した場合や，検索開始から60秒が経過した場合には想起不可能と見なし，次の試行に移った。試行間は数分の時間を設け，実験者は先行試行の匂いが消えたのを参加者に確認してから次の試行に進んだ。実験全体に要した時間は約1時間であった。

3．結果と考察

　全試行の5％が想起不可能であった。キー押し操作を誤り，プログラム上すべての検索時間の測定が不可能であった匂い一致条件の実験参加者2名を分析から除外した。感覚知覚的手がかりにおける自伝的記憶の検索時間を比較している Goddard et al. (2005) を参考に，平均値，SD を算出し，各条件の $3SD$ を上回る反応（17%）を除外した後，後続手がかり（3）×干渉課題（2）の2要因分散分析を行った（Figure 4）。

　その結果，干渉課題の主効果（$F(1,37) = 43.03$，$p < .001$），後続手がかり×干渉課題の交互作用が有意であった（$F(2,37) = 3.50$，$p < .05$）[10]。下位検定を行うと，言語ラベル条件および匂い不一致条件では干渉課題の単純主効果が有意であり（$F(1,37) = 32.21; 14.09$，いずれも $p < .01$），干渉課題を課すことにより検索時間が長くなったのに対し，匂い一致条件では，干渉課題の有無に

10　対数変換を行い，同様の分散分析を行った結果，干渉課題の主効果のみが有意であった（$F(1,37) = 45.72$，$p < .001$）。ここでは，交互作用が有意であったローデータの分析結果をもとに，考察を行うこととする。

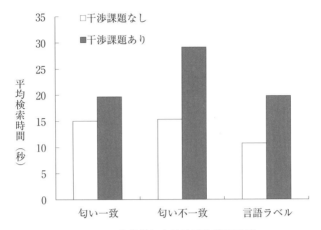

Figure 4　各条件における平均検索時間

よって検索時間が変動しなかった。さらに，干渉課題なし条件では，手がかり条件間の検索時間に差はみられなかったのに対し，干渉課題あり条件では，検索手がかりの単純主効果が有意であり（$F(2,74)=5.23, p<.01$），多重比較の結果，匂い一致条件と言語ラベル条件には差がみられなかったが，いずれも匂い不一致条件より検索時間が短かった。

　匂い一致条件で干渉課題の効果がみられなかったのは，直接的検索が生起しているからであり，言語ラベル条件で干渉課題の効果がみられたのは，生成的検索が生起しているからであると解釈される。匂い不一致条件で干渉課題の効果がみられたのは，同定処理が困難であることに加えて，干渉課題によってその処理がさらに妨害されたからであると考えられる。また，干渉課題あり条件では，匂い不一致条件の検索時間が他の2条件よりも長くなったことから，匂い不一致条件における困難な同定処理は，他の手がかり条件における処理よりも多くの資源を必要とすることがわかった。

　これらの結果から，Chu & Downes (2002) によって主張された直接的および生成的検索の生起が示唆され，また新たに，二重手がかり法では先行手

がかりによる言語表象の活性化が，後続の匂い手がかりの同定処理に影響する可能性が示唆された。後者の解釈は Chu & Downes（2002）によって想定されていないものである。そのため，二重手がかり法において，同定処理が自伝的記憶の検索に及ぼす影響について考慮する必要がある。

　匂いの同定と自伝的記憶の想起過程との関係について議論した研究として，Goddard et al.（2005）の研究がある。彼らは匂い，言語ラベル，あるいは視覚イメージを手がかりとして，それぞれの自伝的記憶の検索時間を比較した。その結果，匂い手がかりによる検索時間は他の手がかりによるそれよりも長かった。この結果について，Goddard et al.（2005）は自伝的記憶の多くは言語などの概念的情報から構成されていることから，匂い手がかりによる自伝的記憶想起過程には，何の匂いであるかを命名することにより言語表象を活性化させる過程，すなわち同定処理が介在している可能性を考えた。そして，そのために，匂い手がかりによる想起は他の手がかりによる想起よりも時間を要したと解釈したのである。

　注目すべきは，こうした同定処理による言語表象の活性化により，匂い手がかりによる想起それ自体が促進される可能性が考えられることである。既述のように，匂いの記憶が匂いそれ自体と言語とによって二重に符号化されているとすれば，ある匂いの記憶をより精緻に想起するためには，当然匂い表象だけでなく言語表象の活性化が必要となる。だとすれば，想起時に匂い手がかりと匂い刺激から活性化された言語表象とによる二重の処理が行われる方が，いずれか一方の処理が行われる場合よりも想起が促進されるという仮説が導かれる。

　このような仮説をもとに，二重手がかり法による結果を解釈すると以下のように考えられる。匂い一致条件では，先行手がかりによって活性化された言語表象と後続の匂い情報が矛盾しないため，同定が円滑に行われ，その結果，言語表象と匂いとによる二重の処理が生起し，想起それ自体が促進されたと推測される。一方，不一致条件では，先行して活性化された言語表象と

後続情報との間に矛盾が生じるため，同定が困難となり，その結果，匂いあるいは言語表象によるいずれか一方の想起過程しか生起しえないと推測される。これらの認知処理の違いが実験結果に影響を及ぼしているものと考えられる。しかしながら，匂いの同定処理により自伝的記憶の想起が促進されるかどうかを示唆する実証的なデータはこれまで得られていないのである。そこで，こうした可能性を検証すべく続く研究6を行うことにする。

第3節　研究6：匂い手がかりの同定率が自伝的記憶想起過程に及ぼす影響

1．目的

本研究では，研究5で示された同定処理による結果への影響をより詳細に検討するために，同定率を操作した実験を行うことにする。同定率とは，ある匂いを命名することのできる確率であり（杉山・綾部・菊地，2003），この確率が高い場合ほど同定が円滑に行われ，言語表象が活性化されやすいと考える。この操作を行うことにより，研究5では推測の域をでなかった同定による影響を直接的に検討することが可能になるのである。

実験手法としては既述のGoddard et al.（2005）を参考にする。もし同定処理が円滑に行われることにより，自伝的記憶の想起が促進されるのであれば，当然，同定率が高い匂い手がかりの方が，同定率が低い匂い手がかりよりも検索に要する時間が短くなるはずである。

ところで，同定処理による言語表象の活性化により検索が促進されるならば，検索時間だけでなく検索時に要する処理資源が軽減される可能性が考えられる。もしそうであれば，二重手がかり法における匂い一致条件で直接的検索が生起したのは，匂い手がかりが原因ではなく，同定処理によって活性化された言語表象が関与していた可能性が考えられる。

第 4 章 意図的想起事態での検討 65

　そこで本研究では，実験 5 と同様に，干渉課題要因を設定し，同定処理による影響について検討する。もし，同定処理が処理資源の軽減に関与していれば，同定率の高低の 2 条件と干渉課題の有無の 2 条件との間には以下のような交互作用がみられると予測される。同定率が高い匂い手がかりでは干渉課題を課した場合，検索時間に変動がみられないが，同定率が低い匂い手がかりでは検索時間が長くなると予測される。これに対して，同定処理が資源の軽減に関与していないのであれば，干渉課題を課した場合，匂い手がかりの同定率が高い場合であってもそれが低い場合と同様に，検索時間が長くなると予測される。

2．方法

　実験計画　2（同定率：高，低：within）× 2（干渉課題：あり，なし：within）の 2 要因計画であった。

　実験参加者　大学生及び大学院生20名であった。

　刺激　国内における様々な匂いの同定率を調査した杉山他（2003）から，同定率の高い匂い（57.9％以上）として，チョコレート，石鹸，醤油，茶，ピーナッツ，チーズ，しょうが，かつお節，ねぎ，クレオソート，同定率の低い匂い（25％以下）として，クレヨン，干ししいたけ，墨汁，ごぼう，木材，干しぶどう，バラ，にんにく，草，ゴムの各10種類，計20種類を選定した。バラにおいては精油を使用したが，その他の刺激はすべて実物を使用した。実験期間は約 1 ヵ月であったが，石鹸，クレオソート，クレヨン，墨汁，木材，バラ，ゴム以外の刺激は，実験毎に取り替えた。提示形態は研究 5 と同様であった。

　手続き　干渉課題要因および匂い手がかりの同定率要因の順序は参加者間で相殺された。干渉課題に関する説明までは研究 5 と同様に行った。その後，手がかりによって検索を求めるために，"これからある匂いを嗅いで，それに関するこれまでの人生の中で自分自身が経験した出来事について思い出し

て下さい。"と教示した。そして，手がかりを認知した瞬間と検索が完了した瞬間の2点にできる限り速くキーを押すように求めた。この2回のキー押し間の時間を検索時間として測定した。検索終了後には，記憶内容の記述及び匂いの命名が可能であった場合には，言語ラベルの記入を求めた。検索開始から30秒が経過した場合には想起不可能と見なし，次の試行に移った。実験は以上のような手続きを1試行とし，1条件5試行の計20試行が行われた。実験全体に要した時間は約1時間であった。干渉課題あり条件では検索時に研究5と同様の課題が課された。

3．結果と考察

　想起不可能であったのは，全試行の21%であった。同定率の高低における操作を確認するために，杉山他（2003）に倣い，本実験における匂いの同定率を計算した結果，同定率が高い匂いでは67.5%，低い匂いでは18.5%であった。ゆえに，本実験では，匂いの同定率が適切に操作されていたものと考えられる。条件ごとに検索時間の平均値，SD を算出し，$3SD$ を上回る反応（0.5%）を除外した後，同定率（2）×干渉課題（2）の2要因分散分析を行った（Figure 5）[11]。

　その結果，同定率及び干渉課題の主効果が有意であった（$F(1,19)=10.26$, $p<.005; 8.67$, $p<.01$）。その他，交互作用は有意ではなかった（$p>.10$）。交互作用が有意ではなく，同定率が高い場合でも低い場合と同様に干渉課題の効果がみられたことから，検索時に分配される処理資源が同定処理によって変動しないことがわかった。このことは，直接的検索の生起に同定処理によって活性化された言語表象が関与していないことを示唆している。

　同定率高条件の方が低条件よりも検索時間が短くなったことから，匂いと同定処理によって活性化された言語表象とによる二重の処理が自伝的記憶の

11　対数変換を行い，同様の分析を行った結果，変換を行わない場合と同じ結果が得られた。

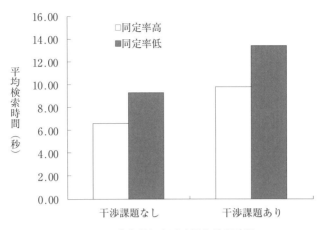

Figure 5　各条件における平均検索時間

検索を促進させることが示唆された。だとすれば，従来の二重手がかり法における実験結果で，匂い一致条件で想起された自伝的記憶が不一致条件で想起されたそれよりも鮮明でかつ詳細であったのは，これらの二重の処理が想起された記憶の特徴に影響を及ぼしていた可能性が考えられる。

　そこで，補足的な試みとして，匂いと同定処理によって活性化された言語表象とによる二重の処理が想起された自伝的記憶の特徴に影響を及ぼすかどうかを検討した。具体的には，各自伝的記憶の検索を独立試行と見なし，杉山他（2003）に準じ，命名された言語ラベルに刺激それ自体，あるいは刺激が材料として含まれている場合に正同定と判断し，実際に同定が行われたかどうかを分類した。その後，Haque & Conway（2001）に倣い，収集された自伝的記憶を特定的で詳細な出来事，あるいは一般的な出来事に分類し，クロス集計を行った。分類に関しては，1ヵ月以上の期間を設け，2回の分類を行った（一致率=100%）。なお，内容的な分析であるので，検索時間が3 SD を上回り，これまでの分析では除外していたデータも分析に含めた。特定的な出来事の例としては，"高校生の時に家で美術の宿題をしていて，

誤って指を切り出しナイフで切った。家族は慌てて，隣のおばさんを呼んできて，その方の車で病院まで送ってもらった"であった。一方，一般的な出来事の例としては，"友達とイタリアンレストランで食事した時のこと"であった。分類の結果，同定が可能であった場合の特定的な出来事は64ケース（20.3%），一般的な出来事は101ケース（32.0%）であったのに対して，同定が不可能であった場合の特定的な出来事は33ケース（10.4%），一般的な出来事は118ケース（37.3%）であった。χ^2検定の結果，有意な差がみられ（$\chi^2 =$ 10.63，$df=1$，$p<.01$,），一般的な出来事は，匂い手がかりの同定の有無によってその想起数には違いがみられなかったが，特定的な出来事は同定が行われた方が行われない方よりもその想起数が多いことがわかった。この結果から，匂い手がかりと同定処理によって活性化された言語表象とによる二重の処理が想起された自伝的記憶の特徴に影響することが示唆された。

　以上のように，研究6では匂い手がかりの同定処理によって活性化された言語表象が自伝的記憶の検索を促進させることが新たに示唆された。ただし，活性化された言語表象が自伝的記憶を特定するそのメカニズムの解明についてはさらなる検討が必要である。なぜなら，同定の際に命名される内容には，さらに複雑なものが含まれるからである。

　たとえば，匂いの同定課題が行われた場合，その特徴的な反応として"John Hay図書館の古い埃をかぶった本のにおい"などの個人的経験による表現がみられることが報告されている（Engen, 1982　吉田訳 1990）。こうした命名内容は，それ自体が自伝的記憶と思えるものである。だとすれば，命名のメカニズムと自伝的記憶の検索メカニズムにはなんらかの関係があるのかもしれない。この可能性については，次章の理論の構築でも取り上げていくことにする。

　以上の検討から，意図的想起事態において匂い手がかりで直接的検索が生起され，言語ラベル手がかりでは生成的検索が生起されることが示唆された。第3章の結果と合わせて考えると，Conway（2005）のモデルの妥当性が実証

的な研究によって示唆されたといえる。

　それだけではなく，感情や命名による処理が匂い手がかりによって想起される自伝的記憶に影響を及ぼすことなど，いくつかの新たな知見が発見されている。次章では，これらの点について，Conway（2005）のモデルと照らし合わせながら理論について考察を行う。

第5章　想起過程の再考[12]

第1節　従来の解釈における限界

　ここまで述べたように，従来の研究では匂い手がかりで直接的検索が生起するのに対して，言語等の手がかりで生成的検索が生起するということを想定し，匂い手がかりによって想起された自伝的記憶の独自性を説明してきた。そして，研究1から研究6までの検討によってこの解釈の妥当性が示されてきた。

　しかし，これまで中心的に行われてきた意図的想起事態の実験では，用意された匂い刺激のすべてが参加者にとって特定的な匂いとは限らないだろう。そのため，匂い手がかりでは直接的検索に依存した検索過程が生起するとしても，すべての匂い手がかりで常に直接的検索が生起するとは考え難い。また，意図的想起事態の実験参加者は直接的検索が生起しなかったとしても，実験者によって想起が求められているため，匂い手がかりをもとにした生成的検索を行い，自伝的記憶を想起するものと推測される。このような事態を想定すると，直接的検索のみに着目した解釈には限界があり，匂い手がかりによる生成的検索を考慮した想起過程を考察する必要があるといえる。

　これに関して，Conway & Pleydell-Pearce（2000）のモデルでは，直接的検索と生成的検索はある程度独立した過程とする側面があったが，モデルがさらに精緻に改変された Conway（2005）によれば，直接的検索が独立して

12　第5章は次の論文の一部に加筆修正を行ったものである。
山本晃輔（2015c）．嗅覚と自伝的記憶に関する研究の展望―想起過程の再考を中心として―　心理学評論，58，423-450.

生起される場合はあるものの，大半の場合には生成的検索が駆動される中で，特定的な情報が活性化されることによって直接的検索が生起されると考えられている。すなわち，両検索過程は独立したものではなく，連続的に生起される可能性が強調されている。

　このような主張に従えば，匂い手がかりによる生成的検索を考察するだけでなく，匂い手がかりによって自伝的記憶が想起される際に，具体的にどのような生成的検索が行われ，その結果として直接的検索が生起されるのかを詳細に理解する必要がある。しかしながら，SMS は様々な自伝的記憶の想起現象全般を想定した包括的なモデルであるため，個々の手がかりによる詳細な想起過程まで解説されていない。ましてや，匂い手がかりによる詳細な想起過程の内実については言及されておらず，かつ従来の研究でも理論的な考察が十分になされていない。

　そこで，以下では Conway (2005) のモデルの枠組みに従いながら，匂い手がかりによる想起過程の内実について考察を行うことにする。Conway (2005) によれば，自伝的記憶の検索は基本的に符号化特定性原理に基づいている。すなわち，符号化時に処理された情報と検索時に処理される情報とが一致することによって，ある特定の出来事が想起される。そして，既述のように生成的検索は手がかりと自伝的記憶構造内の情報とが探査，照合されることによって自伝的記憶が構成されていく分析的な処理が特徴とされている。これらに従えば，検索時に匂いに関するどのような情報が処理され，符号化された情報との一致，不一致が問題とされているのかを明らかにすることで，匂い手がかりによる生成的検索および直接的検索の内実を解明することができるだろう。

第 2 節　嗅覚の認知処理過程を考慮した生成的検索

　外界にある匂い刺激が手がかりとして駆動する際に，いかなる情報処理が

行われているかを考察するためには，嗅覚それ自体の認知処理過程について留意しておく必要がある。Stevenson & Boakes（2003）は，従来の嗅覚情報処理に関する知見を網羅する中で，それらの実験結果を包括的に説明し得る新たなモデルを提示した。その後，Wilson & Stevenson（2006）によって最新の知見との整合性がさらに詳細に検討され，モデルの修正がなされている。Wilson & Stevenson（2006）のモデルでは，匂いの認知過程内に強度（intensity），質（quality），感情（affect）の 3 つの下位要素が想定されている。強度とはいわゆる匂いの強さであり，我々がどの程度その匂いを強く感じるのかを示す。質とは，いわゆる命名によって得られる言語情報であり，その匂いがいかなるものかを認知することを示す。感情とは，匂い刺激から喚起される快，あるいは不快といった感情反応の認知である。匂い刺激が入力された際には，下位要素である強度，質，感情の認知過程が順に駆動し，記憶内のそれらと関連した情報がそれぞれに活性化される。そして，これら 3 点の側面に関する総合的な活性化のパターンと，記憶内の匂いに関する情報が照合された結果，ある特定の匂いとして認知されるのである。

　ここまでの議論をもとに，Conway（2005）に従いながら，本稿で提示する匂い手がかりによる自伝的記憶の想起過程を Figure 6 に示した。これに従えば，匂い手がかりによる生成的検索過程は以下のように仮定される。匂い手がかりが認知される際に，作動自己の制御のもと，強度，質，感情の 3 種について自伝的記憶構造内で情報の探査および照合が行われる。そこで活性化された情報がさらに伝播し，再び探査と照合が循環的に行われる。このような生成的検索を介して，その匂いを経験した過去の特定的な出来事が再構成されていく。その結果として，自伝的記憶が想起されると考えられる。

　ここで提案された生成的検索が実際に行われているとすれば，匂い手がかりが認知される際の強度，質，感情にもとづいた情報の活性化の程度によって，自伝的記憶の想起が規定される可能性が考えられる。そこで以下では，嗅覚の認知処理過程における 3 つの情報のうち感情と質（言語）を取り上げ，

それらが匂い手がかりによる自伝的記憶の想起を規定する要因となり得るかどうかについて従来の知見をもとに検討する。

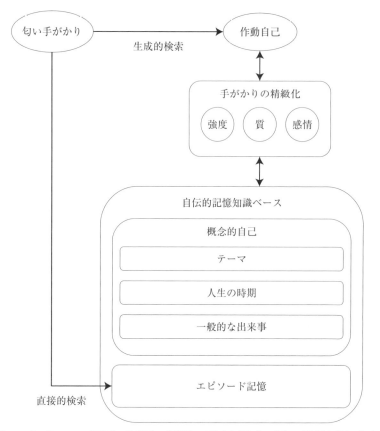

Figure 6　Conway (2005) の自己―記憶システムに基づいた匂い手がかりによる自伝的記憶の想起過程

第3節　想起を規定する要因

1. 感情

　記憶研究においては，古くから感情と記憶の関係に関心が向けられてきた（e.g., 神谷, 2002）。中でも，自伝的記憶はその特徴から何らかの感情を伴っていることが多いため，感情と関連させた研究が盛んであり，方向づけや手がかりによって喚起させた感情が自伝的記憶の想起に及ぼす影響を検討した研究が近年行われている（e.g., Schaefer & Philippot, 2005; Schulkind & Woldorf, 2005; Talarico, LaBar, & Rubin, 2004; Yamamoto & Toyota, 2013）。これらの研究では，たとえば，"幸せ"などの快な感情語を手がかりとして想起される自伝的記憶と，"不安"などの不快な感情語を手がかりとして想起される自伝的記憶とでは，それらの特徴が異なることなどが報告されている。

　では，匂い手がかりによって喚起された感情が自伝的記憶の想起に及ぼす影響はどうであろうか。そもそも匂いはその判断そのものが感情判断であると考えられているほどに感情との結びつきが強いと説明されている（Engen, 1982）。実際に，様々な匂いを複数の形容詞や記述語で，匂いの評価の専門家ではない人々に評価させると，快不快感情に関する評価軸が第一に抽出されることが報告されている（e.g., Yoshida, 1972; レビューとして，綾部・斉藤, 2008; 斉藤, 2011）。また，感情研究では効果的な気分誘導の手段として用いられているほどに（レビューとして，Herz, 2002; 谷口, 1991），匂いの感情喚起力は強い。それゆえに，匂い手がかりから喚起される感情が自伝的記憶の想起を規定する可能性は極めて高いと考えられる。

　実際に，匂い手がかりの感情特性と想起された自伝的記憶との関係性に注目した研究がこれまで行われている（e.g., Ehrlichman & Halpern, 1988）。たとえば，Ehrlichman & Halpern（1988）では，快な匂い，あるいは不快な匂い

を提示し，それと同時に感情的に中立な言語手がかりによって自伝的記憶の想起を求めると，快な匂いを提示した方が不快な匂いを提示した場合よりも快な出来事が多く想起されることが示されている。

2. 言語

　これまでの記憶研究の中で，言語を巡る問題は古くから検討されている。その中の1つとして，画像が言語よりも記憶成績がよくなる現象は画像優位性効果（pictorial superiority effect）としてよく知られている（e.g., Nelson, Reed, & Walling, 1976）。画像優位性効果は，Paivio（1971）による二重符号化説（dual coding theory）によって解釈される。Paivio（1971）によると，画像的刺激はイメージによって符号化され，かつ言語によっても符号化される。一方，言語的刺激は言語のみによってしか符号化されない。それゆえ，イメージと言語によって二重に符号化される画像的刺激の方が1つしか符号化されない言語的刺激よりも記憶成績がよくなるのである。

　このような二重符号化説は同じ非言語材料である匂いの記憶についても同様に主張されている（e.g., Herz, 2003; Herz & Engen, 1996; Herz & Von Clef, 2001）。匂いの二重符号化説を支持する研究として，匂いの記憶における言語的命名の効果を検討した研究があるが，そこでは言語的命名による符号化方略が再認記憶の成績を向上させるという結果が，繰り返し確認されている（Cain & Potts, 1996; Frank et al., 2011; Jehl et al., 1997; Larsson & Bäckman, 1997; Lyman & McDaniel, 1986, 1990; Rabin & Cain, 1984; Stagnetto et al., 2006）。またその一方で，匂いと言語的命名が一致しないと記憶成績が低下するという結果も報告されており（Cain & Potts, 1996），このような言語的符号化による記憶成績への妨害効果は，同じ非言語材料である顔等の画像を用いた研究でも言語陰蔽効果（verbal overshadowing effect）として知られている（e.g., 北神, 2004; Schooler & Engstler-Schooler, 1990）。したがって，匂いそれ自体の記憶においては，言語的符号化が規定要因の1つとして考えられており，促進効果

あるいは妨害効果が生起する可能性が示唆されている。

　自伝的記憶研究では符号化時の操作を行うことができないが，既述のように，匂いそれ自体の記憶が言語的符号化の影響を強く受けるのであれば，匂い手がかりによる自伝的記憶の想起時に，言語情報が活性化される場合とそうではない場合とで想起の様相が異なる可能性が考えられる。実際に，いくつかの研究では，匂い手がかりに関する検索時の言語的な処理が自伝的記憶の想起に影響を及ぼすことが示唆されている（e.g., Herz & Cupchik, 1992; Willander & Larsson, 2007）。さらに，上記で述べた匂いそれ自体の記憶と同様に，自伝的記憶を対象とした場合にも，言語的処理が促進効果をもたらす場合と，妨害効果をもたらす場合とがあることが報告されている。

　たとえば，促進効果を示唆した研究（Herz & Cupchik, 1992）では，匂い手がかりによって自伝的記憶の想起を求め，その後，手がかりの命名（たとえば，チョコレートの匂い）による言語処理が行われたかどうかによって想起される記憶特性が変動するかどうかが検討された。その結果，命名が行われた匂い手がかりによって想起された自伝的記憶の方が，そうではない場合よりも明確な出来事が多く想起されることが報告されている（Herz & Cupchik, 1992）。

　一方，妨害効果を示唆する研究として，Willander & Larsson（2007）は，匂い，あるいは言語ラベル，さらには，匂いと言語ラベルの両方をそれぞれに手がかりとして自伝的記憶の想起を求め，それらの特徴を比較した。その結果，匂い手がかりのみによって想起された自伝的記憶が言語ラベル手がかりのみ，および匂いと言語ラベルの両方を手がかりとして想起された自伝的記憶よりも，情動的でありかつ追体験感覚を伴ったものであることが示された。

　以上のように，言語的処理の影響は促進効果と妨害効果の両方が存在するものの，いずれにせよ言語による処理が匂い手がかりによる自伝的記憶の想起を規定する可能性は高いといえるだろう。

ここまでの議論を通して，感情および言語が匂い手がかりによる自伝的記憶の想起を規定する要因である可能性が示唆された。しかしながら，いずれの場合にもその根拠である実験結果が不足しているといわざるを得ない。また，従来の研究では実験刺激の統制についても，十分に行われていない可能性があった。そこで，次章では感情および言語が匂い手がかりによる自伝的記憶を規定する要因となるかどうかを詳細に検討することを通して，上記で提案された匂い手がかりによる生成的検索の妥当性を検証する。

第6章　規定要因に関する実験的検討

第1節　問題の設定[13]

　前章では，匂い手がかりによる生成的検索を提案し，想起過程を規定する
要因として，感情および言語を取り上げた。しかしながら，従来の研究にお
ける実験で使用された匂い刺激の感情および言語に関する特性は十分に統制
されていたわけではないのである。そのために，得られた結果が匂い手がか
りの各特性に独立した効果であるのか，あるいはそれらの特性の相互作用に
よる効果であるのかが不明である。たとえば，第4章の研究6では，匂い手
がかりの同定率が操作され，それによって想起される記憶の質が異なること
が明らかになっているが，他の特性が統制されていないために，実際には同
定による命名処理ではなく感情処理が結果に影響を及ぼした可能性は否定し
えない。反対に，感情的な要因を操作した実験でも，命名のしやすさ等が統
制されていないために，参加者は言語ラベルを用いて検索を行った可能性が
考えられる。したがって，匂いの諸特性を操作した実験を行うためには，ま
ずはそれらの特性を明らかにした匂い刺激の実験材料リストを作成する必要
がある。

　材料リストを作成するためには，まず自伝的記憶の想起を促す匂い刺激が
必要となるが，それはどのような匂いなのであろうか。たとえば第3章の研

13　第6章第1節および第2節は，次の論文に加筆修正を行ったものである。
山本晃輔・野村幸正（2010）．におい手がかりの命名，感情喚起度，および快―不快度が自伝的記
憶の想起に及ぼす影響　認知心理学研究，7, 127-135.

究1では日誌法を用い，無意図的に自伝的記憶を想起させる匂い手がかりに関する分析が行われた。その結果，熟知度および感情喚起度が高くかつ快であり，命名可能である匂い手がかりが多いことが明らかにされ，また匂いの種類についても"食品"，"香水"等の5カテゴリに分類されている。

　しかしながら，日誌法には手がかりとなった匂い刺激が限定されるという問題が考えられる。従来の実験法を用いた研究では，得られた結果の一般化可能性を考慮し，比較的広範囲に及ぶ匂い刺激が選択されていた。それに対して，日誌法では手がかりが参加者自身によって日常内から選択されるため，当然ながらその範囲は極めて限定的になり，かつ偏ったものになることが予測される。事実，研究5では，15種類の匂い材料のうちの一つであった"香水"が研究1では収集されたケース全体の約2割を占めていた。

　このように考えると，日誌法で調査された匂い特性が一般的な匂い材料の特性を必ずしも反映しているとはいえない。さらには，そこで見出された匂いの命名や感情に関する特性が自伝的記憶の想起に及ぼす影響に関しても，その結果の信頼性に疑問が生じるのである。こうした問題を解決するためには，日誌法ではなく比較的広範囲に及ぶ材料の選定が可能な実験法を採用することが極めて有効であると考えられる。

　そこで，次節では研究7として，以降の実験法で使用するために，匂い手がかりの諸特性を明らかにした材料リストを作成し，諸特性間の関連性を検討する。この実験材料リストを用いて，続く，研究8および9では感情要因に注目し，研究10および11では言語要因に注目した実験を行い，それぞれの要因が自伝的記憶の想起を規定するかどうかを検討する。

第6章　規定要因に関する実験的検討　　81

第2節　研究7：匂い手がかりの諸特性を考慮した
　　　　　　　実験材料リストの作成

1．目的

　本研究では，匂い手がかりの諸特性を明らかにした実験材料リストを作成
し，さらに匂い手がかりの諸特性と記憶特性との関係について検討を行う。
具体的には，まず，実験参加者に従来の研究で使用されてきた匂い材料の熟
知度，感情喚起度，快不快度の評定および命名を求める。次に，それらの匂
いを手がかりとして自伝的記憶の想起を求め，その内容および生起時期を記
述させるとともに，その記憶についての鮮明度，感情喚起度，快不快度の評
定を求める。こうして得られた結果をもとに，匂い手がかりの諸特性および
そこで想起された自伝的記憶の特性や内容を明らかにし，かつそれらの関連
性について詳細な分析を行っていく。

　熟知度はその匂いを日常生活の中でどの程度経験したものかを，感情喚起
度はその匂いを嗅いで喚起される感情がどの程度強いかを，快不快度はその
喚起された感情が快であるか，あるいは不快であるかをそれぞれ示したもの
である。命名率は提示された匂いが何であるかを命名することのできる確率
であり，この値は提示された匂いと概念名との結びつきの強さを反映してい
る。想起率は提示された匂いを手がかりとして自伝的記憶が想起される確率
であり，この値は匂いとそれに対応した自伝的記憶との結びつきの強さを反
映している。

2．方法

　実験参加者　大学生，大学院生118名（男性38名，女性80名）であった。平
均年齢は21.2歳であった。

刺激　刺激は以下のように選定された。斉藤・綾部・高島（1994）は日本人の生活にある匂い全般を対象に，匂いの記述語をクラスター分析している。この範囲に属すると考えられるものの中から，従来の研究（e.g., Chu & Downes, 2002; 研究1，研究5，研究6）で使用された匂いを計30種類選定した（Table 12 参照）。

　刺激は実験時に安定した濃度の匂いを提示することのできる利便性を考慮し，材木，バラ，ジャスミン，ももについては入手が容易である精油を用いた。

　その他の材料は，比較的入手しやすい製品であることを考慮し，チョコレートとして明治製菓製ミルクチョコレート，納豆としてタカノフーズ製おかめ納豆，ヨーグルトとして明治乳業製明治ブルガリアヨーグルト，コーヒーとしてブルックス製マイルドブレンド，紅茶として Lipton 製リプトンイエローラベル，酢としてミツカン製穀物酢，墨汁として開明製書道用墨汁，醤油としてキッコーマン製丸大豆しょうゆ，酒として大関製ワンカップ，ミルクとして明治乳業製明治おいしい牛乳，せっけんとしてアース製薬製液体ミューズ，カレーとしてエスビー食品製特製エスビーカレー，線香として日本香堂製毎日香，バニラとして明治屋製バニラエッセンス，いちごとして明治屋製ストロベリーエッセンス，たばことして日本たばこ産業製マイルドセブンを使用した。

　線香，たばこ，干しぶどう，干ししいたけ，煮干し，ピーナッツ，ハッカ，チョコレートは細かく砕いた状態であった。にんにくはすりおろした状態で使用した。土，納豆，ヨーグルトは実物を加工せずにそのままの状態で使用した。コーヒー，カレーは粉末状のものを用いた。紅茶，緑茶はティーバッグ内から茶葉を取り出して使用した。酢，墨汁，醤油，酒，ミルク，せっけんはいずれも液体状であった。ゴムは工作用のゴムを1cm角に切断した状態で用いた。このうち，ヨーグルトとミルクは実験実施直前まで冷蔵庫内で保存されていた。その他の材料はいずれも常温であった。

第6章 規定要因に関する実験的検討 83

Table 12 匂いの熟知度，感情喚起度，快不快度，命名率，正命名率

匂い	熟知度	感情喚起	快不快	命名率	正命名率
たばこ	2.46	2.52	2.97	0.67	0.00
干しぶどう	2.29	2.73	2.16	0.57	0.03
干ししいたけ	2.64	2.68	2.86	0.78	0.06
もも	3.36	3.03	3.75	0.85	0.07
土	2.08	2.01	2.98	0.61	0.12
墨汁	1.99	1.91	3.01	0.55	0.14
酒	2.54	2.43	2.84	0.68	0.15
ゴム	2.70	2.61	2.75	0.71	0.16
紅茶	2.81	2.61	3.36	0.72	0.18
ミルク	2.35	2.48	2.69	0.64	0.22
材木（ヒノキ）	2.84	3.10	2.94	0.78	0.22
線香	3.18	3.25	3.31	0.86	0.31
緑茶	2.76	2.66	3.19	0.74	0.31
いちご	3.25	3.39	3.69	0.92	0.35
煮干し	3.53	3.47	3.30	0.92	0.46
バニラ	3.35	3.25	3.86	0.87	0.47
香水	3.39	3.25	3.64	0.90	0.47
ジャスミン	3.41	3.31	3.69	0.87	0.49
ヨーグルト	3.46	3.14	3.29	0.81	0.52
バラ	3.59	3.39	3.49	0.88	0.53
にんにく	3.39	3.40	3.05	0.92	0.58
ハッカ	3.55	3.25	3.29	0.82	0.60
せっけん	3.88	3.46	3.75	0.92	0.62
納豆	3.55	3.62	2.85	0.89	0.63
酢	3.25	3.31	2.39	0.90	0.64
カレー	4.14	3.89	3.84	0.97	0.69
醤油	4.08	3.52	3.31	0.92	0.75
チョコレート	4.17	3.81	4.19	0.96	0.80
ピーナッツ	3.68	3.36	3.43	0.95	0.81
コーヒー	4.46	4.03	4.03	0.96	0.83
平均	3.20	3.10	3.26	0.82	0.41

刺激は研究5と同様に，容器を押すとポンプ式に匂いが出るスクウィーズボトルで提示された。ボトルは中身が見えないように白い紙で覆われた。匂い刺激の量は実験参加者が十分に知覚することが可能なように，事前に大学院生2名によって調整された。刺激は実験ごとに取替えられた。

手続き　実験前に，実験室では十分に換気を行うとともに，無香料の消臭スプレーによって匂いの除去を行った。こうした作業は実験中も適宜行われた。

実験は最大5名の小グループで行われた。参加者は実験室に入室後，他の参加者と1m以上の間隔をあけて着席するように命じられた。実験者によって実験の概要が説明され，実験参加者の同意が得られた後，配布された冊子に年齢と性別の記入を求め，実験を開始した。

実験は提示された匂いの特性を評定させる課題と，それを手がかりとして自伝的記憶を想起させ，そこで想起された記憶の特性を評定させる課題からなっていた。匂いの特性を評定させる課題では，1名の実験者が複数の参加者に対して，個別の匂いを順番に提示していった。1度の提示において，容器を押した回数は約3回であった。ただし，参加者がさらに提示を求めた場合には十分に知覚されるまで継続して提示を行った。

刺激の提示後，匂いについて熟知度（"この匂いを，日常どの程度嗅いだことがあるか"），感情喚起度（"この匂いを嗅いで，どの程度感情が呼び起こされたか"），快不快度（"その感情はどの程度快か，不快か"）を5段階で評定するように求めた。熟知度と感情喚起度では，評定値が高くなるほど，それぞれの度合いが高くなることを示し，快不快度では，1が不快で5が快を示すことを説明した。匂いの命名については，"いま嗅いだ匂いが何の匂いであるかを自由に記述して下さい。"と教示した。

その後，匂い手がかりによる想起課題では，"いま嗅いだ匂いに関して，これまでの人生の中で自分自身が経験した出来事について思い出して下さい。"と教示した。想起が可能であった場合にのみその内容を自由記述させ，

その後，想起された自伝的記憶についての評定を求めた。評定は鮮明度（"記憶はどの程度鮮明か"），感情喚起度（"この出来事を経験した時，どの程度感情が呼び起こされたか"），快不快度（"その感情はどの程度快か，不快か"）であり，いずれも5段階であった。鮮明度と感情喚起度では，評定値が高くなるほど，それぞれの度合いが高くなることを示し，快不快度では，1が不快で5が快を示すことを説明した。

　ここまでを1試行とし，計30試行を行った。1試行が終わると前試行の匂いが完全に消えたかどうかを参加者に確認した後に，次の試行に移った。刺激の提示順序は参加者ごとにランダマイズされた。実験時間は約1時間であった。

3．結果と考察

　匂い刺激の特性　各匂い刺激の熟知度，感情喚起度，快不快度，命名率および正命名率の平均値を算出し，それらを正命名率の高い順にソートした結果を Table 12 に示す。このうち，命名率は正誤にかかわらずなんらかの命名がなされた確率であり，正命名率は実験者が準備した匂いに対応した命名がなされた確率であった。正命名率について，匂いの命名内容を判断した杉山・綾部・菊地（2003）を参考に，命名内容が刺激そのものの場合，あるいは命名内容に刺激が含まれていると判断できる場合（e.g., "チョコレート"について"チョコレートクッキー"と命名した場合）に正しい命名がなされたと判断した。全体的な命名率は82％と高かったが，正命名率は41％であり，これは杉山他（2003）の結果と類似したものであった。

　続いて，匂い特性間の関連性を調べた。まず，匂いの種類ごとに各匂い特性に関する参加者の評定平均値を求めた。次に，各評定間の関係性を明らかにするために Pearson の相関係数を算出した（Table 13）。その結果，熟知度と感情喚起度，熟知度と快不快度の間にはそれぞれに高い正の相関がみられた。また，感情喚起度と快不快度との間の相関はそれと比べてやや低かった。

Table 13 各評定間の相関係数

	1	2	3	4	5	6
1．匂い熟知度	—					
2．匂い感情喚起度	.95**	—				
3．匂い快不快度	.71**	.58**	—			
4．記憶鮮明度	.86**	.81**	.60**	—		
5．記憶感情喚起度	.77**	.80**	.61**	.90**	—	
6．記憶快不快度	.67**	.55**	.91**	.61**	.59**	—

注．*p<.05，**p<.01

　さらに，命名率とその他の特性との関連性について分析を行った。本研究で命名を求めたのは熟知度，感情喚起度，および快不快度の評定後であり，言語的な処理を積極的に行わせたわけではないが，命名の有無によって匂い特性が異なるかどうかを検討した。

　まず，先述の命名の分類に準拠し，すべての匂いを命名可能であった参加者14名を除外した。それ以外の104名について，命名が行われた場合とそうではない場合の各評定平均値を算出した。命名の有無によって評定平均値に差が生じるかどうかを検証するために，評定値ごとにt検定を行った。その結果（Table 14），いずれの評定値においても命名が行われた方がそうではない場合よりも値が有意に高かった。

　加えて，より詳細に命名の影響を検討するために，正命名の有無によって匂い特性が異なるかどうかについて検討した。すべての匂い刺激について正しく命名できた参加者は0名であった。ここでは，誤命名と無命名の両方を正命名無しとみなし，全参加者118名を対象に，正命名が可能であった場合とそうではない場合の各評定の平均値を算出した。正命名の有無によって評定平均値に差が生じるかどうかを検証するために，評定値ごとにt検定を行った。その結果（Table 14），命名の有無による分析結果とほぼ同様であったが，数値から判断すると，単純な命名の有無でみられた評定値の差よりも正

Table 14　匂い手がかりの命名，あるいは正命名の有無による匂い特性の違い

命名（$n=104$）

評定	無	有	t
熟知度	2.25(1.15)	3.42(1.23)	20.32**
感情喚起度	2.16(1.20)	3.32(1.16)	17.44**
快不快度	2.68(0.85)	3.39(1.05)	13.28**

正命名（$n=118$）

評定	無	有	t
熟知度	2.75(1.23)	3.87(1.12)	24.50**
感情喚起度	2.73(1.23)	3.62(1.07)	19.18**
快不快度	3.01(0.99)	3.63(1.02)	16.49**

注. （　）内の数値は SD を示す。**$p<.01$

命名の有無でみられた差の方がやや大きかった。

　Herz（2003）は，匂いと同時に提示される言語情報の質的な違いによって，匂いそれ自体の熟知度等の評価が異なることを報告している。この結果は，匂いが匂いそれ自体による処理と言語的処理によって二重に符号化されているからであると考えられており，本研究で得られた結果もこの主張を支持するものであったといえる。

　これら一連の結果から，実験材料として用いられた個々の匂い手がかりの諸特性が明らかになった。さらに，それらの特性は互いに関連することがわかった。

　想起された自伝的記憶の特徴　自伝的記憶の平均想起率は64.2％であり，収集されたエピソード数は2273ケースであった。研究１で収集されたケースが112ケースであったことを考慮すると，研究７では極めて多数のケースが収集されたといえる。匂い手がかりごとの自伝的記憶の想起率と各評定の平均値を算出し，それらを後に行われる内容分類のカテゴリに基づいてソートした結果を Table 15 に示す。

Table 15 各匂い手がかりによって想起された自伝的記憶の諸特性,
最多生起時期, 最多内容カテゴリ

匂い	想起率	鮮明度	感情喚起	快不快	特定度	生起時期	内容
たばこ	0.47	3.38	3.38	3.45	0.39	B (45)	a (17)
納豆	0.78	3.89	3.76	3.17	0.28	A (50)	a (24)
煮干し	0.81	3.60	3.37	3.44	0.32	A (83)	a (26)
緑茶	0.52	3.41	3.21	3.51	0.46	B (50)	b (18)
いちご	0.71	3.37	3.54	3.77	0.51	A (83)	b (20)
ヨーグルト	0.63	3.68	3.23	3.53	0.28	C (83)	b (21)
材木（ヒノキ）	0.67	3.32	3.34	3.09	0.38	A (58)	b (22)
コーヒー	0.84	4.34	3.92	3.93	0.26	A (57)	b (23)
酒	0.50	3.32	3.14	2.98	0.36	A (70)	b (25)
ピーナッツ	0.75	3.67	3.39	3.51	0.33	A (84)	b (28)
ミルク	0.39	3.20	3.24	3.07	0.35	A (67)	b (28)
干しぶどう	0.42	2.78	2.78	2.70	0.28	A (57)	b (28)
にんにく	0.69	3.65	3.56	3.49	0.41	C (50)	b (30)
紅茶	0.53	3.37	3.26	3.48	0.29	A (100)	b (32)
ゴム	0.56	3.09	2.95	2.91	0.27	A (50)	b (34)
バニラ	0.69	3.54	3.46	3.76	0.41	A (63)	b (36)
線香	0.75	3.56	3.38	3.32	0.31	A (69)	b (39)
カレー	0.83	4.13	3.73	3.82	0.41	A (62)	b (40)
香水	0.65	3.55	3.56	3.29	0.23	A (50)	b (49)
もも	0.69	3.00	3.04	3.61	0.21	A (78)	b, f (22)
酢	0.68	3.38	3.36	2.90	0.25	A (50)	b, i (17)
ハッカ	0.67	3.71	3.53	3.34	0.28	A (75)	c (19)
ジャスミン	0.75	3.50	3.42	3.52	0.41	A (89)	d (24)
醤油	0.75	3.94	3.38	3.63	0.22	A (56)	e (23)
墨汁	0.42	3.16	3.12	3.25	0.34	A (94)	e (24)
せっけん	0.70	3.76	3.49	3.76	0.23	A (78)	f (31)
バラ	0.72	3.54	3.32	3.44	0.25	A (83)	g (15)
チョコレート	0.76	3.81	3.70	4.06	0.41	C (57)	g (28)
土	0.46	2.89	2.91	3.33	0.33	A (69)	h (24)
干ししいたけ	0.47	2.96	2.95	3.39	0.39	A (83)	i (23)
平均	0.64	3.48	3.35	3.41	0.33		

注. 生起時期；A＝小学生時代以前, B＝中学・高校生時代, C＝最近, （ ）内の数値は％を示す.
内容カテゴリ；a＝他者, b＝日常・習慣, c＝レジャー, d＝もの, e＝場所, f＝アルバイト・
家事, g＝学校行事・クラブ活動, h＝特別な出来事, i＝買い物・外出, （ ）の数値は％を示す.

自伝的記憶の内容分析を行っている Schlagman, Schulz & Kvavilashvili (2006) に倣い，想起内容に関する分析を行った。手順として，初めに2名の評定者が独立してデータを概観し，Schlagman et al. (2006) と同じカテゴリで分類可能かどうかを判断した。2名の評定者の内，1名は実験者であり，もう1名は研究目的について知らされていない大学院生であった。その後，評定者による協議の結果，Schlagman et al. (2006) の分類から，本研究で得られた想起内容からは分類されることが極めてまれであると考えられるカテゴリ（e.g. "戦争"，"死"）を除外した。さらに，収集されたデータには日常繰り返される習慣的な出来事のケースが多数確認されたため，新たに"日常・習慣"カテゴリを追加した。

　以上のような修正を行い，その後，2名の評定者によって独立して分類が行われた。分類の一致率は.97であり，コーエンのカッパ係数を算出すると $K = .96$ であった。不一致なケースは協議によって分類された。その結果を比率の高い順に示すと，"日常・習慣"（e.g., 家族で夕食を一緒に食べている）23.2%，"アルバイト・家事"（e.g., アルバイトで調理をしている場面）11.4%，"買い物・外出"（e.g. 小学生の時，文房具店でいいにおいの消しゴムを友達と買いにいった）11.1%，"他者"（e.g., 昔よくおじいちゃんの部屋に遊びに行っておじいちゃんの膝の上で一緒にお弁当を食べていた）10.8%，"もの"（e.g., うちの部屋にあるアザラシのぬいぐるみ）9.3%，"場所"（e.g., 母方の祖母の家の仏壇の部屋）7.6%，"ケガ・病気"（e.g., 高熱でフラフラになりながら病院にいった）7.1%，"学校行事・クラブ活動"（e.g., 林間学校で友達とカレーを作ったこと）6.6%，"レジャー"（e.g., オーストラリアに旅行に行った）6.1%，"特別な出来事"（e.g., 姉の結婚式）5.2%，"その他"（e.g., テレビのCM）1.5%であった。これらのカテゴリに基づき，匂い手がかりごとに最多カテゴリの内容およびその比率を Table 15 に示す。

　さらに，想起内容の特定性について分析を行った。具体的には，研究6に倣い，一日の間に生起し，かつ一度きりの出来事であると思われるもの

90

（e.g., 高校の卒業式で後輩から花束をもらったこと）を特定的な出来事と判断した。分類は内容分析と同様の評定者 2 名によって独立して行われた。分類の一致率は.93 であり，コーエンのカッパ係数を算出すると $K=.86$ であった。不一致なケースは協議によって分類された。匂い手がかりごとに，特定的な出来事の平均想起率を算出し，特定度として Table 15 に示す。これら一連の分析から個々の匂い手がかりによって想起される自伝的記憶の内容およびその特徴が異なることが示唆された。

加えて，従来の研究では，匂い手がかりで想起された自伝的記憶の特徴の一つとして，古い出来事が多いことが報告されている（e.g., Chu & Downes, 2000b）。そこで，試みに，本研究で得られたデータについて，記述内容に生起時期が含まれていたものを対象に，研究 1 を参考とした分類を行った。その結果，"小学生時代以前" 66.7%（205 ケース），"中学・高校生時代" 13.0%（40 ケース），"最近" 20.5%（63 ケース）であり，先行研究と同様の結果が得られた。これらの分類に基づき，匂い手がかりごとに最多生起時期の比率を Table 15 に記す。

匂い手がかり特性と自伝的記憶特性との関連性　最後に，匂い手がかりの命名，感情喚起度，快不快度と，それによって想起された自伝的記憶の鮮明度，感情喚起度，快不快度との関連性を検討する。

まず，Table 12 および Table 15 でそれぞれに算出された匂いの種類ごとの各匂い特性および記憶特性に関する評定平均値について，各評定間の関係性を明らかにするために Pearson の相関係数を算出した（Table 13）。

Table 13 をみると，匂い手がかりの快不快度と記憶の快不快度との間に高い相関がみられた。この結果は，Ehrlichman & Halpern (1988)，研究 1 の結果を部分的に追認するものである。また，新たに，匂い手がかりの感情喚起度と記憶の感情喚起度との間にも高い相関がみられた。このことは，快不快とは質の異なった感情特性でも感情一致効果が生起する可能性を示唆している。

それだけでなく，匂い手がかりの感情喚起度と記憶の鮮明度との間に有意な相関関係が新たに認められた。この結果に関して，手がかりの感情喚起度が高いほど，感情一致効果が生起されやすくなるために，想起それ自体が促進され，その結果，鮮明度の高い記憶が想起されやすくなったのではないかと考えられる。

　次に，匂い手がかりの命名が自伝的記憶の想起に及ぼす影響について分析を行った。自伝的記憶が想起されたケースの中で，匂い手がかりの命名が行われたケースを分類すると，全体の96.8%であった。既述のように，同様の結果は日誌法を用いた研究1からも見出されている。

　しかしながら，本研究で新たに収集された正命名の有無に基づいた分類を行うと，正しく命名された匂い手がかりによって自伝的記憶が想起されたケースは全体の52.5%にとどまった。これらの分析から，自伝的記憶の想起手がかりとされる匂いは，そのほとんどの場合に何らかの命名が行われるものの，必ずしも正確なものではないことがわかった。

　上記の分析をもとに，匂い手がかりの命名によって，想起された自伝的記憶特性が変動するかどうかを検討した。まず，匂い手がかりの命名が可能であった場合とそうではない場合の両方で自伝的記憶の想起が可能であった参加者39名を選定した。それらに対し，命名がなされた場合とそうではない場合におけるそれぞれの記憶特性に関する評定平均値を算出した。それらの値に差がみられるかどうかを検討するためにt検定を行った結果（Table 16），いずれの評定値においても，命名が行われた方がそうではない場合よりもそれぞれの値が有意に高くなった。

　既述のように，匂い手がかり特性に関する分析では，命名と正命名の有無で匂い特性に生じる変化が若干異なっていたことから，より詳細な検討を行うために，正命名の有無についても分析を行った。誤命名と無命名をここでは正命名無しとみなし，正しく命名が行われた場合とそうではない場合の両方でそれぞれに自伝的記憶の想起が可能であった参加者113名を選定した。

Table 16　匂い手がかりの命名，あるいは正命名の有無による自伝的記憶特性の違い

命名（*n* = 39）

評定	無	有	*t*
鮮明度	2.37(1.26)	3.45(1.25)	4.12**
感情喚起度	2.55(1.18)	3.37(1.14)	3.72**
快不快度	2.74(0.99)	3.42(1.05)	4.07**

正命名（*n* = 113）

評定	無	有	*t*
鮮明度	3.19(1.27)	3.85(1.09)	11.05**
感情喚起度	3.13(1.15)	3.62(1.03)	10.24**
快不快度	3.26(1.05)	3.62(1.05)	6.41**

注.（ ）内の数値は *SD* を示す。**p < .01

　それらに対し，命名の有無と同様の分析を行った。その結果（Table 16），いずれの評定値においても，正しく命名が行われた方がそうではない場合よりもそれぞれの値が有意に高く，命名の有無での結果と同様の結果が得られた。すなわち，命名内容の正誤に関係なく，命名時に行われる何らかの言語処理が自伝的記憶の想起に影響を及ぼす可能性が考えられる。

　匂い手がかりの命名が自伝的記憶の想起に及ぼす影響について研究 6 では，命名が行われた場合には，匂いそれ自体と命名によって活性化された言語情報との両方が手がかりとして利用可能であるのに対して，命名が行われない場合には，匂いそれ自体に関する情報しか利用できないからであると解釈している。ここで得られた結果は，こうした主張を支持したものであった。

　これら一連の分析から，匂い手がかりの命名および感情的特性が自伝的記憶の想起に影響を及ぼす可能性が示唆された。また，匂い手がかりの特性間に関連性が認められるという新たな知見が見出された。このことは，感情と言語の 2 つの規定要因が相互に関連するものであることを示しているといえる。それと同時に，この結果は匂い手がかりの特性を統制した実験を行う必

要性を示唆しているともいえる。そこで，次節では本節で作成された実験材料リストを用いて，刺激特性を統制した実験を行うことにする。

第3節　研究8[14]：匂い手がかりの感情喚起度が自伝的記憶の想起特性に及ぼす影響

1．目的

　本研究では研究7で作成された実験材料リストの匂い手がかり特性の数値をもとに刺激の統制を行い，感情価のみが影響し得る状況を実験的に操作することにより，匂い手がかりによって喚起された感情が自伝的記憶の想起に及ぼす影響をより厳密に検討する。

　指標として，本実験では Johnson et al.（1988）による記憶特性質問紙（Memory Characteristics Questionnaire: 以下 MCQ）の日本語版（清水・高橋，2008; Takahashi & Shimizu, 2007）を新たに使用する。MCQ は自伝的記憶の様々な特性を調べることが可能な質問紙であり，手がかりの感情価が自伝的記憶の想起に及ぼす影響を検討した研究では，すでにその有用性が示唆されている（e.g., Schaefer & Philippot, 2005; Yamamoto & Toyota, 2013）。

　もし感情が匂い手がかりによる自伝的記憶の想起を規定する要因であるならば，感情喚起度の高い匂い手がかりによって想起された自伝的記憶の方が感情喚起度の低い匂い手がかりによるそれよりも MCQ の得点が高くなることが予測される。

14　第3節研究8，第4節研究9は，次の論文に加筆修正を行ったものである。
山本晃輔・豊田弘司（2011）．におい手がかりによって喚起された感情が自伝的記憶の想起に及ぼす影響　奈良教育大学紀要，60，35-39.

2. 方法

実験参加者 専門学校生25名（男性2名，女性23名）であった。平均年齢は19.0歳であった。参加者は授業の一貫として実験に参加した。

刺激 研究7での実験材料リストから感情喚起度の低い匂いとしてヨーグルト（3.14）とハッカ（3.24）を用いた。一方，感情喚起度の高い匂いとして煮干し（3.53）とにんにく（3.40）を用いた。いずれも感情喚起度のみが異なり，熟知度等の他の特性は同程度のものを選定した。このうち，煮干しとハッカは細かく砕いた状態であった。にんにくはすりおろした状態で使用した。ヨーグルトは実物を加工せずにそのままの状態で使用した。研究7と同様にスクウィーズボトルで提示された。匂い刺激の量は実験参加者が十分に知覚することが可能なように，事前に大学院生2名によって調整された。

記憶特性質問紙 Johnson et al.(1988) によるMCQの日本語版（清水・高橋，2008; Takahashi & Shimizu, 2007）は合計38項目であり，鮮明度（"e.g., この出来事の記憶全体の鮮明度は，ぼんやりとしている／きわめてはっきりしている"）・回想的想起（e.g., "あとになって考えてみると，この出来事が大きな意味を持つとまったく思わなかった／たしかに思った"）・時間情報（e.g., "この出来事が何年に起こったかについては，あいまいである／はっきりしている"）・全体的印象（e.g., "その時の感情は，よくなかった／よかった"）・感覚的経験（e.g., "この出来事の記憶の中に匂いは，ほとんどない／たくさんある"）・空間情報（e.g., "この出来事の記憶の中の事物の位置関係は，あいまいである／はっきりしている"）・奇異性（e.g., "この出来事の筋は，奇妙である／現実的である"）・前後の出来事（e.g., "この出来事より後に起こった関係のある出来事を，ほとんど覚えていない／はっきり覚えている"）の8因子から構成されていた。いずれも7段階評定であった。これらの項目はA4用紙2枚に印刷された。

この他に，年齢，性別を記入するフェイスシートと操作チェックのために，試行ごとの匂いの感情喚起度を5件法で評定するページがあった。冊子は合

第6章　規定要因に関する実験的検討　　95

計で13ページであった。

　手続き　集団実験であった。実験は授業時間の一部を用いて行われた。実験者によって実験の概要が説明され，実験参加者の同意が得られた後，配布された冊子に年齢と性別の記入を求め，実験を開始した。1名の実験者が参加者全員に対して，個別の匂いを順番に提示していった。1度の提示において，容器を押した回数は約3回であった。ただし，参加者がさらに提示を求めた場合には十分に知覚されるまで継続して提示を行った。参加者には，"いま嗅いだ匂いに関してこれまでの人生の中で自分自身が経験した出来事について思い出して下さい。"と教示した。想起が可能であった場合にのみその内容を自由記述させ，その後，MCQと匂いの感情喚起度の評定を求めた。参加者全員が試行を終えたのを確認してから次の試行へと移った。これを1試行として計4試行が行われた。実験時間は約30分間であった。参加者には提示される匂いを手がかりとして過去に自分自身が直接的に経験した出来事を想起するように求めた。そして，想起が可能であった場合には，その出来事の内容を1行程度の文章で記述した後に，MCQと匂い感情喚起度の評定を行うように教示した。その後，実験者が参加者の1人ずつに，匂いを提示した。参加者全員が試行を終えたのを確認してから次の試行へと移った。これを1試行として計4試行行われた。実験時間はおよそ20分間であった。匂い刺激の提示順序は，約7名を一列とする席の列によって異なっていた。

3．結果と考察

　各匂い手がかりによる自伝的記憶の平均想起率はヨーグルト96.0％，ハッカ100.0％，にんにく92.0％で，煮干し96.0％であった。すべての匂いで想起率は高く，大きな違いはみられなかった。

　まず，操作チェックのために，実験者が操作した感情喚起度の高低について，感情喚起度評定の平均値を算出した。評定値が未入力であった1名の参加者を除き，集計した結果，感情喚起度の高い匂いでは3.19，低い匂いでは

Table 17 条件ごとの MCQ 平均値

MCQ	高	低	t 値
鮮明度	3.62(1.59)	3.16(1.46)	1.43
回想的想起	3.68(1.57)	2.52(1.37)	2.22*
時間情報	3.09(1.54)	2.56(1.37)	2.20*
全体的印象	5.43(1.33)	5.02(1.41)	1.51
感覚的経験	4.61(1.65)	4.38(1.82)	0.62
空間情報	5.01(2.11)	5.03(2.00)	0.12
奇異性	5.67(1.24)	5.61(1.49)	0.30
前後の出来事	2.39(1.58)	1.90(1.66)	1.56

注. （ ）内の数値は SD を示す。*$p < .05$

2.83であり，t 検定を行うと有意な差がみられなかった（$t(22) = 1.41, n.s.$）。

そこで，事後的に，実験者が感情喚起度の高い匂いとして設定したにもかかわらず，それを感情喚起度の低い匂いと評定した参加者，あるいは，実験者が感情喚起度の低い匂いとして設定したにもかかわらず，それを感情喚起度の高い匂いと評定した参加者6名を，操作が不十分であったものとして除外した。残りの参加者18名の感情喚起度評定について再度分析した結果，感情喚起度の高い匂いでは3.43，低い匂いでは2.67であり，t 検定を行うとそれらの値には有意な差がみられた（$t(17) = 2.86, p < .001$）。

これらのデータに基づき，感情喚起度の高い，あるいは低い匂い手がかりによって想起された自伝的記憶について，MCQ の因子ごとの平均評定値を対象とした t 検定を行った。その結果，感情喚起度の高い匂い手がかりによって想起された自伝的記憶の方が，低い匂い手がかりによって想起されたそれよりも MCQ 得点が高く，回想的想起，時間情報においては有意な結果が見られた（Table 17）。この結果は，匂い手がかりによって喚起される感情が自伝的記憶の想起を規定する可能性を示唆している。

第4節　研究9：匂い手がかりの快不快度が自伝的記憶の
　　　　　　　想起特性に及ぼす影響

1．目的

　研究8では感情喚起度に注目したが，研究9では感情特性の中でもいま1
つの重要な要素である快不快感情に注目する。Russell（1980）によればすべ
ての感情は覚醒度と快不快度の2次元で表せる平面上に円環状に並んでいる。
覚醒度が研究8で扱った感情喚起度に対応すると考えると，感情要因を考え
る上で，快不快度を操作することは極めて重要となる。そこで，本研究では
匂い手がかりの快不快感情を操作し，それによって想起される自伝的記憶特
性が変動するかどうかを検討する。たとえば，Schaefer & Philippot（2005）
はMCQを用いて，快，あるいは不快な言語手がかりによって想起される自
伝的記憶の特性を調べた。その結果，快な言語手がかりによって想起された
自伝的記憶の方が不快な言語手がかりによるそれよりもMCQ得点が高くな
った。これに従えば，快な匂い手がかりによって想起された自伝的記憶の方
が不快な匂い手がかりによるそれよりもMCQの得点が高くなることが予測
される。

2．方法

　実験参加者　短期大学生37名（男性5名，女性32名）であった。平均年齢は
20.7歳であった。参加者は授業の一貫として実験に参加した。

　刺激　研究7の実験材料リストから快な匂いとしてチョコレート（4.19），
不快な匂いとして酢（2.39）を用いた。いずれも快不快度のみが異なり，熟
知度等の他の特性は同程度のものを選定した。チョコレートは細かく砕いた
状態であった。酢は実物をそのまま用いた。刺激の提示方法は研究8と同様

98

であった。

手続き 1試行の手続きは操作チェックが感情喚起度から快不快度（1
（不快）〜7（快）の7段階評定）に変わった以外，研究8と同様であった。研究
9では計2試行が行われた。実験時間は約15分間であった。

3．結果と考察

各匂い手がかりの平均想起率はチョコレート94.6%，酢83.8%であり，大
きな違いはみられなかった。まず，操作チェックのために，実験者が操作し
た快不快度について，快不快度評定の平均値を算出した。その結果，快な匂
いで5.53，不快な匂いで3.27であり，t検定を行うと有意な差がみられた
（$t(29)=8.00$, $p<.001$）。これにより，本実験での快不快度操作が適切に行わ
れていたことが確認された。

これらのデータに基づき，快，あるいは不快な匂い手がかりによって想起
された自伝的記憶について，MCQの因子ごとの平均評定値にt検定を行っ
た。その結果，快な匂い手がかりによって想起された記憶の方が不快な匂い
手がかりによって想起されたそれよりも鮮明度，時間情報，全体的印象，感
覚的経験，空間情報，奇異性，前後の出来事に関するMCQ得点が高くなっ
た（Table 18）。このことから，匂い手がかりによって喚起された快不快感情

Table 18　条件ごとの MCQ 平均値

MCQ	快	不快	t値
鮮明度	4.24(1.35)	3.38(1.49)	2.89**
回想的想起	3.42(1.41)	2.85(1.19)	1.45
時間情報	4.10(1.62)	3.27(1.66)	2.60*
全体的印象	5.71(1.23)	4.49(1.40)	5.45**
感覚の経験	4.58(1.73)	3.89(1.77)	1.77†
空間情報	5.24(1.55)	4.39(1.96)	2.79**
奇異性	5.96(1.01)	5.31(1.49)	2.99**
前後の出来事	3.15(2.03)	2.33(1.63)	2.03*

注．（　）内の数値はSDを示す。†$p<.10$，*$p<.05$，**$p<.01$

が自伝的記憶の想起を規定する可能性が示唆された。

第5節　研究10[15]：匂い手がかりによる自伝的記憶の想起特性に言語情報が及ぼす影響

1．目的

　第5章での想起過程の考察から，言語が匂い手がかりによる自伝的記憶の想起を規定する可能性が示唆され，本章第2節では匂い手がかりの命名の有無と自伝的記憶特性との関連性が示唆された。本節では研究7で作成された実験材料リストを利用し，さらに詳細に言語要因による影響を検討する。

　既述のように，言語処理による自伝的記憶の想起への影響として，促進効果がみられる場合と妨害効果がみられる場合の両方があることがわかっている。これらの結果の不一致を招いた原因の1つとして，従来の研究では匂い手がかりそれ自体の命名のしやすさ（e.g., 命名率の操作）を統制および操作していない点が考えられる。匂い手がかりの命名率が自伝的記憶の想起に及ぼす影響は，すでに研究1や研究6，研究7から報告されている。したがって，言語処理による影響を詳細に検討するためには，匂い手がかりの命名率を考慮することは不可欠である。

　そこで，本研究では従来の研究における言語ラベル提示の操作に加えて命名率の操作を行うことにする。従属変数としては，研究8および研究9と同様にMCQを使用する。もし言語処理による影響が自伝的記憶の想起を促進させるのであれば，命名率の低い匂い手がかりでは，言語ラベルの提示によ

15　第5節研究10，第6節研究11は以下の論文に加筆修正したものである。
山本晃輔（2014b）．匂い手がかりによる自伝的記憶の想起に言語情報が及ぼす影響　大阪産業大学人間環境論集，13，1-12．

って命名率の高い匂い手がかりと同程度の MCQ の成績が得られることが予測される。これに対して，もし言語処理による影響が自伝的記憶の想起を妨害させるのであれば，命名率の低い匂い手がかりでは，言語ラベルを提示することによって，そうではない場合よりも想起される MCQ の成績が低くなることが予測される。

2．方法

実験計画　匂い手がかりの命名率 2（高，低：within）×言語ラベル提示 2（あり，なし：within）の 2 要因計画であった。

実験参加者　短期大学生51名（男性 5 名，女性46名）であった。平均年齢は18.3歳であった。参加者は授業の一貫として実験に参加した。

刺激　研究 7 の実験材料リストから正命名率の高い匂いとして，ハッカ（60%）とピーナッツ（83%）を選定し，正命名率の低い匂いとして，もも（7 %）と線香（31%）を選定した。ハッカとももはアロマオイルを使用し，ピーナッツと線香は実物を軽く砕いてから使用した。このうち，言語ラベル提示の条件に割り振ったピーナッツとももにはボトルに言語ラベルを明記し，言語ラベルを提示しない条件に割り振られたハッカにはＡ，線香にはＢと明記した。刺激は研究 8，9 と同様にスクウィーズボトルで提示された。

手続き　集団実験であった。実験は授業時間の一部を用いて行われた。実験者によって実験の概要が説明され，実験参加者の同意が得られた後，研究 8 と同様の冊子に年齢と性別の記入を求め，実験を開始した。1 名の実験者が参加者全員に対して，個別の匂いを順番に提示していった。その際に，ボトルに示された言語ラベルを必ず見るように教示した。1 度の提示において，容器を押した回数は約 3 回であった。ただし，参加者がさらに提示を求めた場合には十分に知覚されるまで継続して提示を行った。参加者には，"いま嗅いだ匂いに関して，これまでの人生の中で自分自身が経験した出来事について思い出して下さい。"と教示した。想起が可能であった場合にのみその

内容を自由記述させ，その後，MCQ の評定を求めた。参加者全員が試行を終えたのを確認してから次の試行へと移った。これを 1 試行として計 4 試行が行われた。実験時間は約20分間であった。

3．結果と考察

　各匂い手がかりによる自伝的記憶の平均想起率はピーナッツ92.2％，もも90.2％，ハッカ80.4％，線香82.4％であった。すべての匂いで想起率は高く，大きな違いはみられなかった。匂い手がかりごとに想起された自伝的記憶の具体例は，ピーナッツ "親の友達が宴会をしていたときにそばにあった柿ピーを思い出した。あとその時にいた父の友達の 1 人の顔が鮮明に浮かびあがった。"，もも "小学生の時していたバスケットの休憩時間に桃の天然水を飲んだこと。"，ハッカ "祭りの時，射的屋さんでにおい玉をもらったこと。青色のにおい玉で箱に入れてしまったけど，どこかに失ってしまったこと。"，線香 "去年亡くなった祖父の供養にお寺に行った時，号泣したこと。" であった。

　条件ごとに，MCQ の各因子の平均評定値を算出し（Table 19），条件間における差異を検討するために，命名率（2）×言語ラベル提示（2）の 2 要因実

Table 19　各条件間における MCQ の平均値

ラベル提示	あり		なし	
命名率	高	低	高	低
鮮明度	3.80(1.30)	3.17(1.31)	3.56(1.51)	3.95(1.42)
回想的想起	2.79(1.32)	2.54(1.21)	3.07(1.22)	3.19(1.18)
時間情報	2.82(1.29)	2.59(1.26)	3.10(1.24)	3.24(1.13)
全体的印象	5.55(1.20)	5.01(1.21)	4.31(1.44)	4.32(1.46)
感覚的経験	4.59(1.61)	3.53(1.82)	3.83(1.78)	3.37(1.27)
空間情報	4.16(2.10)	3.84(2.11)	4.00(2.12)	4.50(1.99)
奇異性	6.15(1.08)	5.32(1.45)	5.60(1.37)	5.52(1.58)
前後の出来事	2.53(1.92)	1.95(1.55)	2.50(1.81)	3.03(2.12)

注．（　）内の数値は SD を示す。

102

験参加者内分散分析を行った。その結果，鮮明度で交互作用が有意であった（$F_{(1,30)} = 4.97, p < .05$）。下位検定を行った結果，命名率低条件において，言語ラベルなし条件の方があり条件よりも鮮明度の得点が有意に高かった（$F_{(1,60)} = 4.84, p < .05$）。また，前後の出来事では有意傾向ではあるものの，交互作用がみられた（$F_{(1,30)} = 3.06, p < .10$）。Table 19 の値から判断すると，ここでも命名率低条件において，言語ラベルなし条件の方があり条件よりもその得点が高かった。加えて，回想的想起と時間情報では，言語ラベル提示の主効果が有意傾向にあり（$F_{(1,30)} = 3.89; 3.83$，いずれも $p < .10$），言語ラベル提示なし条件の方があり条件よりもその得点が高くなった。すなわち，これら一連の結果は，言語処理による妨害効果を示した先行研究（e.g., Willander & Larsson, 2007）を支持するものである。

　しかしながら，研究10で使用された刺激は各条件1種類であるため，得られた結果の頑健性を検討するには，さらに刺激数を増やす必要があると思われる。また，研究10は集団実験であるため，十分に統制された中で実験が遂行されたとは言い難い。これらの問題を解決するために，研究11を行う。

第6節　研究11：匂い手がかりによる自伝的記憶の検索時間に
言語情報が及ぼす影響

1．目的

　研究10よりも統制された状況下で実験を行うために，研究11では各条件で匂い刺激を3種類使用し，かつ個人実験を行うことにする。従属変数としては，MCQ の中でも研究10の結果から特に言語情報の影響を受けることが示された鮮明度のみに焦点をあてる。

　また，MCQ などの記憶特性に関する指標は，想起された自伝的記憶の特徴を捉えるには極めて有効であるが，想起が完了した後の最終的な産物であ

るため，認知過程の詳細な内実を検討するには不十分であると考えられる。匂い手がかりによる自伝的記憶の想起過程を検討する指標の１つとして，研究５，研究６や従来の研究（秋山・小早川・小林，2013; Goddard et al., 2005）では検索時間が採用されており，すでにその有効性が示されている。そこで研究11では検索時間を新たな従属変数として採用する。もし言語処理によって自伝的記憶の想起が促進されるのであれば，言語情報が利用可能な条件ではそうではない条件に比べて検索時間が短くなるはずである。あるいは，研究10で示唆された言語情報による妨害効果が支持されるのであれば，言語情報が利用可能な条件ではそうではない条件に比べて検索時間が長くなることが予測される。

２．方法

実験計画　匂い手がかりの命名率２（高，低：within）×言語ラベル提示２（あり，なし：between）の２要因混合計画であった。

実験参加者　大学生・大学院生40名（男性：13名，女性：27名）であった。平均年齢は21.16歳であった。言語ラベル提示あり条件20名，なし条件20名が割り当てられた。

刺激　研究７の実験材料リストから，正命名率の高い匂いとしてハッカ（60％），にんにく（58％），ピーナッツ（83％）を，正命名率の低い匂いとして，もも（7％），線香（31％），いちご（35％）を選定した。いずれも自伝的記憶の想起に影響を及ぼす可能性のある熟知度，感情喚起度，快不快度は一定になるように統制した。刺激の提示形式は研究10と同様であった。

手続き　個別実験であった。基本的な手続きは研究10と同様であり，参加者には提示される匂いを手がかりとして過去に自分自身が経験した出来事を想起するように教示した。検索時間を測定するために，匂いを感じた瞬間と想起が完了した瞬間の２点でパソコンのキー押しを求めた。想起完了後，その出来事についての鮮明度の評定を求めた。ここまでを１試行とし，６試行

104

が行われた。匂い刺激の提示順序は、参加者ごとにランダムに提示された。言語ラベル提示条件では、匂いの提示開始時から想起完了後までの間に言語ラベルがパソコンのディスプレイ上に提示され、参加者にはそれを見るように教示した。実験時間は約30分間であった。

3．結果と考察

1条件すべての試行において想起が不可能であった4名の参加者を除外し、ここでは36名の参加者を対象に分析を行った。条件毎の自伝的記憶の想起率は、言語ラベル提示あり・命名率高条件では88.3%、言語ラベル提示あり・命名率低条件では81.7%、言語ラベル提示なし・命名率高条件では80.0%、言語ラベル提示なし・命名率低条件では83.3%であった。研究10と同様に全体の想起率は高く、条件間の想起率には大きな違いはみられなかった。各条件で想起された自伝的記憶の具体例は、言語ラベル提示あり・命名率高条件では"中国人の友達が中華料理を作って食べさせてくれた。そこにたくさんのにんにくが使われていた。"、言語ラベル提示あり・命名率低条件では"京都に住んでいた高校生時代に、祇園祭の屋台でかき氷を食べたときのこと"、言語ラベル提示なし・命名率高条件では"ミント味のアイスクリームを夜食として食べた出来事"、言語ラベル提示なし・命名率低条件では"母方の実家で祖母の仏壇に線香をあげているところ"であった。

条件ごとに鮮明度得点と検索時間の平均値を算出し（Table 20)、命名率（2）×言語ラベル提示(2)の2要因混合分散分析を行った。その結果、鮮明

Table 20　各条件における鮮明度と検索時間の平均

ラベル提示	あり		なし	
命名率	高	低	高	低
鮮明度	4.23(1.33)	3.57(1.38)	3.78(1.35)	3.15(0.87)
検索時間（秒）	3.48(2.80)	4.77(3.35)	4.53(3.65)	6.31(4.82)

注．（　）内の数値は *SD* を示す。

度では言語ラベル提示の主効果（$F_{(1,34)} = 4.14$, $p < .05$）と命名率の主効果（$F_{(1,34)} = 7.93$, $p < .01$）が有意であった。検索時間においても同様に，言語ラベル提示の主効果（$F_{(1,34)} = 3.11$, $p < .10$）と命名率の主効果（$F_{(1,34)} = 4.94$, $p < .05$）が有意であった。その他，交互作用はみられなかった。

　Table 20 に示すように，言語ラベルあり条件の方がなし条件よりも鮮明度が高くかつ検索時間が短かった。また，命名率高条件の方が低条件よりも鮮明度が高くかつ検索時間が短かった。これらの結果は，研究10とは逆の結果であり，匂い手がかりによる自伝的記憶の想起時に，言語情報が利用可能な場合の方が，それが困難な場合よりも想起が促進されることを示唆している。

　以上の検討から，言語的な処理によって匂い手がかりによる自伝的記憶の想起が規定される可能性が示された。次節では，本章全体の実験結果について総合的に議論していく。

第7節　総合論議[16]

　従来の研究において，匂い手がかりでは直接的検索が生起されるのに対して，他の手がかりでは生成的検索が生起されるという理解に基づいた解釈が行われてきた。しかし，このような解釈には限界があるため，本稿第5章では Conway（2005）の理論に基づきながら，嗅覚の認知処理過程を考慮した匂い手がかりによる生成的検索過程が提案された。そして，本章での5件の研究からこの新たな想起過程の妥当性が証明された。ではこの新たな想起過程に基づいた場合，従来の知見はどのように解釈されるのであろうか。以下では，ここまで説明された現象を新たに提案された想起過程に基づき再解釈

16　第7節は次の論文の一部に加筆修正を行ったものである。
山本晃輔（2015c）．嗅覚と自伝的記憶に関する研究の展望—想起過程の再考を中心として— 心理学評論，**58**，423-450.

していく。まず，第5章で議論された感情による促進効果と，言語による促進・妨害効果について再解釈する。本稿で想定した想起過程は感情および言語における情報処理を考慮したものであるため，これらの規定要因が作用する影響を新たに考察することが可能となる。次に，第2章で説明された匂い手がかりと言語や他の感覚知覚的手がかりとの想起効果の違いを再解釈する。

1．感情による促進効果

匂い手がかりから喚起される感情が強い場合には，嗅覚の認知処理過程を通して生成的検索が生起され，匂い手がかりによって喚起された感情に基づいた情報検索が行われ，自伝的記憶構造内の情報が豊富に活性化される。一方，匂い手がかりから喚起される感情が弱い場合には，嗅覚の認知処理過程を経たとしても喚起される感情が弱いため，それが手がかりとして機能しにくく，対応する自伝的記憶構造内の情報の活性化量が前者と比べて少なくなると考えられる。その結果，前者の方が後者よりも詳細でかつ情動的な自伝的記憶が想起されると解釈される。

2．言語による促進・妨害効果

嗅覚の認知処理過程を通して行われる言語処理による自伝的記憶の想起の促進，あるいは妨害効果が生じる原因については，質的に異なる2つの言語情報の活性化パターンが関与していると考えられる。1つは，"あの時，あの場所で嗅いだ匂い"のような極めて特定的な命名が行われる場合である。事実，匂いの同定課題が行われた場合，その特徴的な反応として"John Hay 図書館の古い埃をかぶった本のにおい"などの個人的経験による表現がみられることが報告されている（Engen, 1982）。この場合には，命名段階ですでに自伝的記憶構造内の情報が豊富に活性化されているため，ある特定の出来事に関する記憶が想起されやすくなり，促進効果が生じると考えられる。

いま1つは，その匂いが極めて一般的なものであった場合に生じる，"コーヒー"や"オレンジ"などの単純な言語ラベルによる命名である。この場合には，命名においてそれ以上の情報を探査する必要がないため，自伝的記憶構造内の情報がほとんど活性化されないものと推測される。Willander & Larsson (2007) によれば，匂い手がかりと共に言語ラベル手がかりを提示した場合には，言語ラベル手がかりによる生成的検索に依存した想起過程が生起される可能性が指摘されている。この時，嗅覚の認知処理過程内で強度および感情に基づいた生成的検索も同時に駆動するが，そこで活性化される情報と単純な言語ラベル手がかりによって活性化される情報とは質的に異なるものであるため，両者の間に矛盾が生じ，妨害効果が生じると考えられる。

　従来の知見をみれば，実験者が匂い手がかりと同時に単純な言語ラベルを提示した場合には妨害効果が生じ（Willander & Larsson, 2007; 研究10），それに対して，実験参加者に具体的な命名を行わせた場合に促進効果が生じている（Herz & Cupchik, 1992; 研究7）。厳密には，命名内容の影響を直接比較する必要があるものの，これらの一連の結果は，上記の促進・妨害効果の解釈を支持している。

3．他の手がかりとの想起効果の違い

　第2章で説明したように，従来の代表的な知見の1つは，匂い手がかりによって想起された自伝的記憶が，言語ラベルおよび他の感覚知覚刺激を手がかりとして想起された自伝的記憶よりも鮮明であり，情動的であることである。匂いによる生成的検索では嗅覚の認知処理過程を通して，強度，質，感情を軸とした情報検索が行われるが，言語ラベルおよび他の感覚知覚的手がかりによる想起では，匂いそれ自体が提示されないために，当然ながら嗅覚の認知処理に基づいた情報検索は起こらないと考えられる。手がかりによっては，匂い手がかりと類似した情報検索が行われる可能性も否定し得ないが，特に言語ラベルおよび視覚的手がかりでは，すでにその手がかりがいかなる

ものかを想起者は認識できているため，上記で説明した言語による促進効果は起こり得ないだろう。また，既述のように匂いは感情との関連性が極めて強いことから，感情による促進効果が他の手がかりよりも相対的に劣るとは考え難い。したがって，匂い手がかりでは，嗅覚の認知処理過程を通した生成的検索の結果，言語や感情による促進効果の影響によって直接的検索が起こりやすいのではないかと考察される。それゆえに，匂い手がかりでは他の種類の手がかりよりも鮮明でかつ情動的な自伝的記憶が想起されると解釈される。

第7章　本研究のまとめと今後の課題

第1節　本研究のまとめ

　本研究の目的は，匂い手がかりによる自伝的記憶の想起過程を再考し，実証的検討を行うことを通して，そのメカニズムの一端を解明することであった。この目的を達成するために，以下に要約する全7章が構成された。

　まず，第1章第1節では，嗅覚と記憶に関する心理学的研究について概観し，その中で，匂い手がかりによって想起される自伝的記憶研究の位置づけを行った。また，本研究の中心的な概念である自伝的記憶について，従来の研究に基づきながら定義を行った。続く第1章第2節では，本研究の目的として，匂い手がかりによる自伝的記憶の想起過程に関する理論的考察を行い，実証的研究を通して，その想起メカニズムを明らかにすることを設定した。その後，この目的を達成するための全体の構成について述べた。

　第2章第1節では，従来の研究における主な方法とそれによって得られた知見について概観した。第2章第2節では，それらの結果を説明するConway（2005）のモデルであるSMSを紹介した。そこでは直接的検索と生成的検索という二つの想起過程が想定されており，これらのうち，匂い手がかりによる検索は直接的検索であり，言語ラベル手がかりによる検索は生成的検索であると考えられていた。しかしながら，こうした解釈には明確な根拠がないことから，その妥当性に問題があることが議論された。

　第3章第1節では，Conway（2005）のモデルの妥当性を検証するために，その前提とされている匂い手がかりによる直接的検索の生起について，無意図的想起の観点から検討を行う必要性を述べた。続く第2節と第3節では，

研究1，研究2として日誌法を用いた検討を行い，第4節の研究3では中断報告法を，第5節の研究4では実験法をそれぞれに採用した検討を行った。その結果，いずれの研究からも匂い手がかりによる直接的検索の生起が確認された。

第4章第1節では，当該分野において従来の研究の大半を占める意図的想起事態でConway（2005）のモデルの妥当性が検討された。具体的には，新たな指標として検索時間を採用した実験を行い，匂い手がかりと他の手がかりによる自伝的記憶の想起過程の比較を行った。その結果，第2節の研究5では，匂い手がかりでは直接的検索が生起されるのに対して，言語ラベル手がかりでは生成的検索が生起されることが確認された。この原因を調べた第3節の研究6では，命名によって生起される言語処理が匂い手がかりによる検索を促進させる可能性が示唆された。以上の検討から，意図的想起事態においてもSMSの妥当性が示された。

第5章第1節では，ここまでの検討で新たに得られた知見や理論的考察と，SMSを照らし合わせることによって，説明不可能な点が生じることを指摘した。第2節では，それらを十分に説明し得るためには嗅覚の認知処理過程を考慮した生成的検索を新たに想定する必要性を論じ，匂い手がかりによる生成的検索を提案した。第3節では，匂い手がかりによる生成的検索が生起することを前提とした場合の規定要因として感情と言語を取り上げ，その可能性を示唆する従来の研究を整理しながら議論した。

第6章第1節では，新たな想起過程において，感情および言語が匂い手がかりによる生成的検索の規定要因であることを主張するためには，その根拠が不足していることを問題として設定した。第2節の研究7では以降の研究で使用する匂い手がかりの諸特性を考慮した実験材料リストを作成した。第3節の研究8，第4節の研究9では匂い手がかりの感情要因に注目し，また，第5節の研究10，第6節の研究11では，言語要因に注目し，それぞれの要因が自伝的記憶の想起を規定するかどうかを実験的に検討した。第7節では研

究8から研究11までの結果を総括した。ここでの結果は感情および言語的な処理が匂い手がかりによる自伝的記憶の想起を規定する可能性を示唆した。すなわち，本稿で提案された匂い手がかりによる生成的検索の妥当性が示唆されたといえる。終わりに第7章では，本研究全体の要約とまとめを行った。

　以上のように，本研究では匂い手がかりによる自伝的記憶の想起メカニズムの解明を目指し，上述のような成果を報告した。中でも，これまで想定されていなかった匂い手がかりによる独自な想起過程を提案したことは注目される点であり，本稿での取り組みはこの研究領域における理論の質の向上につながったといえる。しかしながら，本研究にはいくつかの問題点も残されている。次節では，このような問題点を取り上げながら，今後の課題について議論したい。

第2節　今後の課題

　強度要因の検討　本稿では生成的検索に内在される嗅覚の認知処理過程のうち，感情および質に関する処理が自伝的記憶の想起における規定要因となる可能性を示すことができた。これは実証的な研究結果をもとにそれらとの整合性を考慮したものであるため，ある程度の信頼性および妥当性が確保されたものと考えられる。しかし，嗅覚の認知処理過程のうち，強度に関する知見はいまだ未開拓な領域であるため，その根拠を示すことはできなかった。従来の研究の多くでは，実験刺激として参加者に十分に知覚され得るように匂い刺激の強度が厳密に統制されていたものの，強度それ自体と記憶についての直接的な検討はこれまでほとんど行われていない。今後，匂い刺激の強度を独立変数として操作した実験を行うことを通して，この点を補充しておく必要がある。ただし，匂い刺激の強度を低くすると参加者に認知されにくくなり，実験が遂行できなかったり，逆に強度を高くすると刺激臭となるため参加者が不快に感じることもあり，倫理的な問題に抵触しかねない。この

ような可能性を考慮すると，現実的には強度を独立変数として操作すること
は難しいが，今後方法を工夫し，検討する必要があるだろう。

　加齢の影響　本研究では，参加者の大半が大学生等の若年者に偏っていた。
ここで見出された知見の一般化可能性を検証していく上でも，今後は参加者
の年齢層を広げた検討が行われるべきであるが，特に高齢者には注目すべき
である。

　自伝的記憶が日々の経験によって蓄積されているものであるとするならば，
高齢者では若年者よりも多くのバリエーションの自伝的記憶が保持されてい
ると考えられる。だとすれば，高齢者を対象として自伝的記憶の想起を求め
た場合には，若年者を対象とするよりもさらに広範囲の自伝的記憶の中から，
実験者が求めた条件に適切な記憶が選択されると予測される。このような加
齢による違いが，実験結果に反映される可能性は十分に考えられるのである。
実際に，Schlagman, Schulz & Kvavilashvili (2006) によれば，大学生と高齢
者による無意図的に想起された自伝的記憶の内容を比較すると，それらには
違いがみられることが報告されている。

　従来の研究では，高齢者を対象とした研究が少数ながら行われている（有
園ら，1999; Chu & Downes, 2000b; Maylor, Carter & Hallet, 2002; Willander & Lars-
son, 2006, 2007）。特に，想起される自伝的記憶の生起時期に注目した研究で
は，若年者を対象とした場合には，匂い手がかりによって想起される自伝的
記憶と言語ラベル手がかりによるそれには違いがみられないが（Rubin et al.,
1984），高齢者を対象とした場合には，匂い手がかりによって想起される自
伝的記憶が言語ラベルによるそれよりも古い出来事であることが見出されて
いる（e.g., Chu & Downes, 2000b）。この結果は，プルーストによる経験と一致
するものである。以上のことから，今後は高齢者を対象とした検討を行い，
結果の一般化可能性を検証していく必要があるであろう。

　自伝的記憶の範囲　本研究では定義にもとづき，自伝的記憶の想起を求め
る際に，主体が直接的に経験した過去の出来事の記憶を思い出すように教示

した。このような教示により，そこで得られる自伝的記憶は，この枠の中で限定されたものであるが，それでもその内容には多種多様なものがみられた。たとえば，"中学生の時の卒業式"といった自伝的記憶は一度きりの経験であり，個人の中で極めて特定的な出来事であると考えられるが，"友達と一緒に通学していた時のこと"といった自伝的記憶は，日々反復されるものであり，特定的なものとはいえない。また，"高校での修学旅行"といった記憶のように，その出来事の範囲が数日に及ぶものまである。

　本論では，各研究目的に応じて内容的な分析を行ったものもあるが，いくつかの研究では一般的な自伝的記憶研究の多くがそうであるように，上記のような記憶をすべて同じ自伝的記憶とみなして分析を行った。今後，より精緻な研究を行うためには，教示でさらに想起させる出来事を制限するなどの工夫が必要かもしれない。

　しかしながら，たとえば，"過去のある一日のうちに起こった，これまであなたが一度しか経験していない特定的な出来事を思い出して下さい"というような厳しい制限を設けた教示を実際に行ったとして，参加者がその基準を満たす出来事をすぐに想起するには困難を伴うであろう。また，匂い手がかりを用いた研究においては，いま手がかりとされる匂いから，まさに"何が"思い出されるかが極めて重要なのである。そうだとすると，想起する内容を教示等であらかじめ厳密に指定することによって，得られるデータがかなり限定されてしまうという問題が生じるのである。

　このような問題を解決するためには，たとえば，古典的な方法ではあるが，自由連想法のような課題を用いて，想起される記憶の方向づけを行わずに，事後的に想起されたものの内容や質に応じた分析を行うという方法も有用であると思われる。それによって，従来の研究では収集不可能なデータが得られる可能性がある。

　したがって，想起される自伝的記憶の範囲に関しては，教示である程度制限することも必要ではあるが，匂い手がかりによって想起される事象をさら

に広い視点で検討するためには，過去の事象を想起させるという制約すら求めずに，匂いに関する何らかの想起を行わせた後，分析を行うという方法も重要であると思われる。

生起時期　本論文では，鮮明度等の自伝的記憶の特性評定値を指標とした研究を中心に扱ったが，プルーストが想起した記憶が幼い頃の出来事であったことから，Table 1 に示すように，従来の研究では匂い手がかりと他の種類の手がかりによってそれぞれに想起された自伝的記憶の生起時期を比較した研究も複数行われている（Chu & Downes, 2000b; Willander & Larsson, 2006, 2007）。実験の結果，言語ラベル手がかりによって想起された自伝的記憶は，11歳から20歳までの出来事が多いという一般的な自伝的記憶研究で確認されている生起時期の分布（e.g., 槇・仲，2006; Rubin & Schulkind, 1997）に対応した。これに対して，匂い手がかりによって想起された自伝的記憶はそれよりもさらに古く，6歳から10歳までの間に遡ってみられたのである（Chu & Downes, 2000b）。

この結果は，SMS に従い，匂い手がかりでは直接的検索が生起されるのに対して，言語ラベル手がかりでは生成的検索が生起されるという理解をもとに解釈されている（Chu & Downes, 2000b）。すなわち，それぞれの手がかりで異なった想起過程を経ているため，生起時期のパターンが異なるのではないかと考察されているのである。しかしながら，SMS では手がかりによって想起過程が異なる可能性は示すことができたとしても，なぜ匂い手がかりで幼少期の記憶が想起されやすいのかについて十分に説明することができない。

1つの解釈として考えられることは，言語発達との関連性である。たとえば山本・猪股（2011）は，匂いの命名を行うと同時にそれを手がかりとして自伝的記憶の想起を求め，想起された記憶を最近の出来事と幼少期の出来事に分類した。その結果，命名された匂い手がかりでは最近の出来事が多いのに対して，命名が不可能であった匂い手がかりでは幼少期の出来事が多かっ

た。この結果は以下のように解釈されている。幼少期では言語能力が未発達であるため，使用することのできる言語が少なく，匂いについての命名が困難である。それゆえに，匂い経験は言語的な符号化の効果を受けにくい。その結果，想起時においても命名が困難な匂いそれ自体に関する手がかりに依存した場合に想起が促進されたのではないかと考えられている。

　この仮説を裏付けるような神経心理学的な知見も報告されている（e.g., Arshamian et al., 2013）。たとえば，Arshamian et al. (2013) は，匂い手がかりによって3歳から10歳までの幼少期の出来事が想起される場合と11歳から20歳までの青年期の出来事が想起される場合との脳の活動部位を比較した。その結果，幼少期の場合には嗅覚の処理を中心的に行う2次嗅覚皮質（secondary olfactory cortex）である眼窩前頭皮質（orbitofrontal cortex）が賦活するのに対して，青年期の場合には意味的な記憶処理を行う左下前頭回（left inferior frontal gyrus）がより賦活することがわかった。

　本稿でも，匂い手がかりによる想起を規定する要因の1つとして言語を取り上げており，記憶特性以外の生起時期についてもこの要因が作用する可能性が考えられる。今後はさらなる検討を行い，言語による処理と生起時期との関係を発達心理学的な観点から明らかにすることを通して，生起時期に関する結果を適切に説明できる解釈について考察する必要がある。

　行為と未来事象　近年，自伝的記憶や無意図的想起の研究では機能に関する研究が盛んに行われている（e.g., 神谷，2003, 2007; 佐藤，2000, 2008）。本稿でも研究2で匂い手がかりによる無意図的想起の機能について検討を行った。その結果，匂い手がかりによって無意図的想起が生起された後には，回想的な思考だけにとどまらず，その後に行為を方向づけるようなケースが多くみられることが報告されている。

　匂いとの遭遇によって次に展開される行為が決定されるのであれば，匂い手がかりが過去だけでなく，未来の事象に影響を及ぼす可能性も十分に考えられる。この点に関して，第3章でも述べたが Miles & Berntsen (2011) は

匂い，言語ラベル，視覚刺激をそれぞれに手がかりとして提示し，過去の出来事，あるいはこれから未来に起こり得る出来事を喚起させた。その結果，未来の事象について，匂い手がかりでは他の手がかりよりも直近の出来事が多く喚起される傾向にあった。また，山本（2014c，2015b）は，日誌法を用いて匂い手がかりによる未来事象の無意図的想起が生起されるかどうかについて検討を行った。その結果，参加者全体の約80％が匂い手がかりによる未来事象の想起を経験したことや，Miles & Berntsen（2011）と同様に，匂い手がかりでは他の手がかりと比較して，直近の出来事が想起されやすいことがわかった。これらのことから，未来の行為に関する記憶，すなわち展望的記憶（prospective memory）との関連は今後重要なテーマになると思われる。日常生活を円滑に送るためには必要なタイミングで必要な情報が適切に想起されることが不可欠であり，展望的記憶では主体が自分自身で想起の開始をせねばならない自発的想起を要求される場合が多い（森田，2012）。このような事態を支援するのは外界にある手がかりであるが，匂いがその一助になり得るかどうかについて今後のさらなる展開が望まれている。本稿では過去事象のみに注目したが，未来事象についても今後さらなる検討を重ね，過去と同様の想起メカニズムが生じているかどうかを検討すべきである。

性差・個人差　本稿では，感情および言語が規定要因となる可能性を示したが，それら以外の規定要因としては性差や個人差を挙げることができる。たとえば，性差に注目した研究では，女性の方が男性よりも匂い手がかりによる自伝的記憶の検索時間が短いことや（Zucco et al., 2012），情動的でかつ鮮明な自伝的記憶の想起が促進されること（Herz & Cupchik, 1992）が報告されている。

　また，研究4でも触れたが，個人差研究としては個人の嗅覚イメージ能力に焦点をあてた研究が行われている。そこでは，嗅覚イメージ能力が高いほど，想起された自伝的記憶の詳細さを測定する尺度得点が高くなることがいくつかの研究から示唆されている（Willander & Larsson, 2008）。嗅覚の認知能

力や，アロマ製品等への関心の程度等にも個人差が生じる可能性があること
から，今後は個人差要因についても詳細に検討し，想起過程との関連性を考
察する必要性があるだろう。

応用可能性　匂い手がかりによって想起される自伝的記憶の応用研究の一
環として，リラクゼーション効果の検証を目的とした検討が行われ始めてい
る。たとえば，Masaoka et al. (2012a) は，自伝的記憶が想起可能な匂いと
想起不可能な匂いをそれぞれに提示し，それらの提示中における実験参加者
の呼吸の量や頻度などを比較した。その結果，自伝的記憶が想起可能な匂い
を提示している間は，想起不可能な匂いを提示した場合よりも一回の呼吸の
量が増加し，かつその頻度が低下する（呼吸のペースが緩やかになる）ことが
わかった。また，他の生理指標を用いた研究では，匂いによる自伝的記憶の
想起を行うことで心拍数が低下したり，皮膚電気反応（skin-conductance）が
増加したりすることが報告されている（Matsunaga et al., 2011）。Matsunaga
et al. (2013) によれば，匂いによる想起経験はポジティブな情動を生起させ
るため，その結果，免疫能力が促進され，健康や幸福感（well-being）の獲得
に繋がると考えられている。

　このようなリラクゼーション効果を示唆する研究が進められる一方で，匂
いによる想起のネガティブな側面に注目した検討も行われている（e.g., 川部,
2013; 森田, 2008, 2010; Toffolo, Smeets & van den Hout, 2012）。たとえば，Kline
& Rausch (1985) が指摘するように，戦闘体験などの外傷経験は血液や硝煙
などの匂いがトリガーとなり，意図しない想起が起こるケースが少なくない。
こうした背景から，PTSD（post-traumatic stress disorder）の症状の１つであ
るフラッシュバックと匂い手がかりによる想起との関連性を検討することは
重要である。森田（2008, 2010）の研究ではPTSDによるフラッシュバック
と匂いによる想起現象との体験構造の類似性が指摘されている。また，
PTSD患者を対象とした研究では，匂い手がかりで想起される嫌悪的な記憶
は聴覚手がかりによって想起された同様の記憶よりも，さらに詳細で不快な

感情を伴うことが報告されている（Toffolo et al., 2012）。これらの応用研究は本稿で中心的に議論した基礎研究の意義をさらに高める意味でも重要であると思われる。

　本稿では基本的に，想起が促進されることをポジティブな意味で捉えているが，このような PTSD におけるフラッシュバックや侵入思考のようなケースでは，その生起が抑制されることの方が望ましいといえる。だとすれば，促進効果に目を向けるよりも，妨害効果が生起されることの方がこの現象においては貢献できる可能性が高い。本稿では，言語的要因における妨害効果について取り上げているが，今後，このような要因が想起の抑制にどのように影響をするのかを解明し，応用研究に役立てていきたい。

引 用 文 献

Aggleton, J. P., & Waskett, L. (1999). The ability of odours to serve as state-dependent cues for real-world memories: can Viking smells aid the recall of Viking experiences? *British Journal of Psychology*, **90**, 1-7.

秋山舞亜・小早川達・小林剛史 (2013). 嗅覚/視覚/嗅覚・視覚刺激による自伝的記憶の想起時間と想起内容に関する検討 日本心理学会第77回大会発表論文集, 623.

雨宮有里 (2014). 意図的想起と無意図的想起－自伝的記憶 関口貴裕・森田泰介・雨宮有里 (編著) ふと浮かぶ記憶と思考の心理学：無意図的な心的活動の基礎と臨床 (pp. 11-24) 北大路書房.

雨宮有里・関口貴裕 (2006). 無意図的に想起された自伝的記憶の感情価に関する実験的検討 心理学研究, **77**, 351-359.

雨宮有里・高 史明・関口貴裕 (2011). 意図的および無意図的に想起された自伝的記憶の特定性の比較 心理学研究, **82**, 270-276.

有園博子・佐藤親次・森田展彰・松崎一葉・小田晋・牧 豊 (1999). 高齢者に対するニオイを用いた回想療法の試み 臨床精神医学, **27**, 63-75.

Arshamian, A., Iannilli, E., Gerber, J. C., Willander, J., Persson, J., Seo, H, Hummel, T., & Larsson, M. (2013). The functional neuroanatomy of odor evoked autobiographical memories cued by odors and words. *Neuropsychologia*, **51**, 123-131.

綾部早穂 (2010). ニオイの記憶の心理学研究 *Aroma Research*, **43**, 202-205.

綾部早穂・菊地 正 (1996). ニオイの記憶に関する心理学的研究の動向 筑波大学心理学研究, **18**, 1-8.

Ayabe-Kanamura, S., Kikuchi, T., & Saito, S. (1997). Effects of Verbal cues on recognition memory and pleasantness evaluation of unfamiliar odors. *Perceptual and Motor Skills*, **85**, 275-285.

綾部早穂・菊地 正・斉藤幸子 (1996). ニオイの再認記憶に及ぼすラベルの影響 日本味と匂学会誌, **3**, 27-35.

綾部早穂・斉藤幸子 (2008). アロマサイエンスシリーズ21 においの心理学 フレグランスジャーナル社.

Ball, C. T. (2007). Can we elicit involuntary autobiographical memories in the laboratory? In J.H. Mace (Ed.), *Involuntary memory*. Oxford: Blackwell Publishing. Pp. 127-152.

Ball, L. J., Shoker, J., & Miles, J. N. V. (2010). Odour-based context reinstatement effects with indirect measures of memory: The curious case of rosemary. *British Journal of Psychology*, 101, 655-678.

Berntsen, D. (1996). Involuntary autobiographical memories. *Applied Cognitive Psychology*, 10, 435-454.

Berntsen, D. (2007). Involuntary autobiographical memories: Speculations, findings, and an attempt to integrate them. In J.H. Mace (Ed.), *Involuntary memory*. Oxford: Blackwell Publishing. Pp. 20-49.

Berntsen, D. (2009). *Involuntary autobiographical memories*. New York: Cambridge University Press.

Berntsen, D., & Hall, N. M. (2004). The episodic nature of involuntary autobiographical memories. *Memory and Cognition*, 32, 789-803.

Berntsen, D., & Rubin, D. C. (2012). *Understanding autobiographical memory*. New York: Cambridge University Press.

Berntsen, D., Rubin, D. C., & Siegler, I. C. (2011). Two versions of life: emotionally negative and positive life events have different roles in the organization of life story and identity. *Emotion*, 11, 1190-1201.

Buck, L., & Axel, R. (1991). A novel multigene family may encode odorant receptors: A molecular basis for odor recognition. *Cell*, 65, 175-187.

Cain, W. S., & Potts, B. C. (1996). Switch and bait: Probing the discriminative basis of odor identification via recognition memory. *Chemical Senses*, 21, 35-44.

Cann, A., & Ross, D. A. (1989). Olfactory stimuli as context cues in human memory. *American Journal of Psychology*, 102, 91-102.

Chu, S., & Downes, J. J. (2000a). Odour-evoked autobiographical memories: Psychological investigations of Proustian phenomena. *Chemical Senses*, 25, 111-116.

Chu, S., & Downes, J. J. (2000b). Long live Proust: The odour-cued autobiographical memory bump. *Cognition*, 75, 41-50.

Chu, S., & Downes, J. J. (2002). Proust nose best: Odors are better cues of autobiographical memory. *Memory and Cognition*, 30, 511-518.

Chu, S., & Downes, J. J. (2004). Proust Reinterpreted: Can Proust's account of odour-cued autobiographical memory recall really be investigated? A reply to

Jellinek. *Chemical Senses*, **29**, 459-461.

Cohen, G. (1996). *Memory in the world. 2nd ed.* Hove, UK: Psychology press.

Conway, M. A. (2001). Sensory-perceptual episodic memory and its context: autobiographical memory. *Philosophical transactions of the royal society London: Biological sciences*, **356**, 1375-1384.

Conway, M. A. (2005). Memory and the self. *Journal of Memory and Language*, **53**, 594-628.

Conway, M. A., & Pleydell-Pearce, C.W. (2000). The construction of autobiographical memories in the self- memory system. *Psychological Review*, **107**, 261-288.

Conway, M. A., Singer, J. A., & Tagini, A. (2004). The self and autobiographical memory: Correspondence and coherence. *Social Cognition*, **22**, 491-529.

Crovitz, H.F., & Schiffman, H. (1974). Frequency of episodic memories as a function of their age. *Bulletin of the Psychonomic Society*, **4**, 517-518.

Dade, L. A., Zatorre, R. J., Evans, A. C., & Jones-Gotman, M. (2001). Working memory in another dimension: Functional imaging of human olfactory working memory. *Neuroimage*, **14**, 650-660.

Doty, R. L., & Kerr, K. L. (2005). Episodic odor memory: Influences of handedness, sex, and side of nose. *Neuropsychologia*, **43**, 1749-1753.

Ebbinghaus, H. (1885/1964). *Memory: A contribution to experimental psychology.* New York: Dover Publications.

Ehrlichman, H., & Halpern, J. N. (1988). Affect and memory: Effects of pleasant and unpleasant odors on retrieval of happy and unhappy memories. *Journal of Personality and Social Psychology*, **55**, 769-779.

Engen, T. (1982). *The perception of odors.* Academic Press.
（エンゲン，T. 吉田正昭（訳）(1990). 匂いの心理学　西村書店.）

Engen, T., Kuisma, J. E., & Eimas, P. D. (1973). Short-term memory of odors. *Journal of Experimental Psychology*, **99**, 222-225.

Engen, T., & Ross, B. M. (1973). Long-term memory of odors with and without verbal descriptions. *Journal of Experimental Psychology*, **100**, 221-227.

Frank, R. A., Rybalsky, K., Brearton, M., & Mannea, E. (2011). Odor recognition memory as a function of odor-naming performance. *Chemical Senses*, **36**, 29-41.

Gilbert, A. N., Crouch, M., & Kemp, S. E. (1998). Olfactory and visual mental imagery. *Journal of Mental Imagery*, **22**, 137-146.

Goddard, L., Pring, L., & Felmingham, N. (2005). The effects of cue modality on the quality of personal memories retrieved. *Memory*, **13**, 79-86.

Godden, D., & Baddeley, A. (1975). Context dependent memory in two natural environments: In land and under water. *British Journal of Psychology*, **66**, 325-331.

Hall, N.M. (2007). Interaction between retrieval intentionality and emotional intensity: investigating the neural correlates of experimentally induced involuntary memories. In J.H. Mace (Ed.), *Involuntary memory*. Oxford: Blackwell Publishing. Pp. 153-176.

Haque, S., & Conway, M. A. (2001). Sampling the process of autobiographical memory construction. *European Journal of Cognitive Psychology*, **13**, 529-547.

畑山俊輝・樋口貴広 (2004). 香りの文脈効果の感情心理学的検討 *Aroma Research*, **17**, 2-9.

Herz, R. S. (1997a). The effects of cue-distinctiveness on odor-based context dependent memory. *Memory and Cognition*, **25**, 375-380.

Herz, R. S. (1997b). Emotion experienced during encoding enhances odor retrieval cue effectiveness. *American Journal of Psychology*, **110**, 489-505.

Herz, R. S. (1998). Are odors the best cues to memory? A cross-modal comparison of associative memory stimuli. *Annals of the New York Academy of Sciences*, **855**, 670-674.

Herz, R. S. (2002). Influences of odors on mood and affective cognition. In C. Rouby., B. Schaal., D. Dubois., R. Gervais., & A. Holly (Ed.), *Olfaction, Taste, and Cognition*. New York: Cambridge University Press. Pp, 160-177.

Herz, R. S. (2003). The effect of verbal context on olfactory perception. *Journal of Experimental Psychology: General*, **132**, 595-606.

Herz, R. S. (2004). A naturalistic analysis of autobiographical memories triggered by olfactory visual and auditory stimuli. *Chemical Senses*, **29**, 217-224.

Herz, R. S., & Cupchik, G. C. (1992). An experimental characterization of odor-evoked memories in human. *Chemical Senses*, **17**, 519-528.

Herz , R. S., & Cupchik, G. C. (1995). The emotional distinctiveness of odor-evoked memories. *Chemical Senses*, **20**, 517-528.

Herz, R. S., Eliassen, J., Beland, S., & Souza, T. (2004). Neuroimaging evidence for the emotional potency of odor-evoked memory. *Neuropsychologia*, **42**, 371-378.

Herz, R. S., & Engen, T. (1996). Odor memory: Review and analysis. *Psychonomic*

Bulletin and Review, **3**, 300-313.

Herz, R. S., & Schooler, J. M.（2002）. A naturalistic study of autobiographical memories evoked by olfactory and visual cues: Testing the Proustian hypothesis. *American Journal of Psychology*, **115**, 21-32.

Herz, R. S., & Von Clef, J.（2001）. The influence of verbal labeling on the perception of odors: Evidence for olfactory illusions? *Perception*, **30**, 381-391.

Higuchi, T., Shoji, K., & Hatayama, T.（2002）. Smelling lavender and jasmine with advance information about their psychological effects: An examination of the placebo effect. *Tohoku Psychologica Folia*, **61**, 1-10.

Hinton, P. B., & Henley, T. B.（1993）. Cognitive and affective components of stimuli presented in three modes. *Bulletin of the Psychonomic Society*, **31**, 595-598.

菱谷晋介（1982）．記憶におよぼすイメージ能力と課題特性の関連性の効果　教育心理学研究，**30**，22-28.

堀内　孝（2002）．自己記述課題と自伝想起課題の区分に関する研究－潜在教示における概念駆動テストを使用した検討－　心理学研究，**73**，82-87.

Isarida, T., Sakai, T., Kubota, T., Koga, M., Katayama, Y., & Isarida, T. K.（2014）. Odor-context effects in free recall after a short retention interval: A new methodology for controlling adaptation. *Memory and Cognition*, **42**, 421-433.

Jehl, C., Royet, J. P., & Holley, A.（1997）. Role of verbal encoding in short- and long-term odor recognition. *Perception and Psychophysics*, **59**, 100-110.

Jellinek, J. S.（2004）. Proust remembered: Has Proust's account of odor-cued autobiographical memory recall really been investigated? *Chemical Senses*, **29**, 455-458.

Johnson, M. K., Foley, M. A., Suengas, A. G., & Raye, C. L.（1988）. Phenomenal characteristics of memories for perceived and imagined autobiographical events. *Journal of Experimental Psychology: General*, **117**, 371-376.

Jones, F. N., Roberts, K., & Holman, E. W.（1978）. Similarity judgments and recognition memory for some common spices. *Perception and Psychophysics*, **24**, 2-6.

Jönsson, F. U., Møller, P., & Olsson, M. J.（2011）. Olfactory working memory: Effects of verbalization on the 2-back task. *Memory and Cognition*, **39**, 1023-1032.

神谷俊次（2002）．感情とエピソード記憶　高橋雅延・谷口高士（編）　感情と心理学（pp. 100-121）北大路書房.

神谷俊次（2003）．不随意記憶の機能に関する考察－想起状況の分析を通じて－　心

理学研究，**74**，444-451.

神谷俊次（2007）．不随意記憶の自己確認機能に関する研究　心理学研究，**78**，260-268.

神谷俊次（2010）．想起契機からみた不随意記憶の機能に関する研究　南山大学紀要『アカデミア』自然科学・保健体育編，**15**，1-16.

川部哲也（2013）．半構造化面接法によるプルースト現象の特徴の検討　大阪府立大学大学院人間社会学研究科心理臨床センター紀要，**6**，53-60.

北神慎司（2004）．画像の記憶における言語的符号化の影響　風間書房．

Kline, N. A., & Rausch, J. L. (1985). Olfactory precipitants of flashbacks in posttraumatic stress disorders: Case reports. *Journal of Clinical Psychiatry*, **46**, 383-384.

小谷津孝明・鈴木栄幸・大村賢吾（1992）．無意図的想起と行為のし忘れ現象　安西祐一郎・石崎俊・大津由紀雄・波多野誼余夫・溝口文雄（編）　認知科学ハンドブック（pp. 225-237）共立出版．

Laird, D. A. (1935). What can you do with your nose? *Scientific Monthly*, **41**, 126-130.

Larsson, M., & Bäckman, L. (1997). Age-related differences in episodic odour recognition: The role of access to specific odour names. *Memory*, **5**, 361-378.

Larsson, M., & Willander, J. (2009). Autobiographical odor memory. *Annals of the New York Academy of Sciences*, **1170**, 318-323.

Larsson, M., Willander, J., Karlsson, K., & Arshamian, A. (2014). Olfactory LOVER: Behavioral and neural correlates of autobiographical odor memory. *Frontiers in Psychology*, **5**, 1-5.

Lawless, H. (1978). Recognition of common odors, pictures and simple shapes. *Perception and Psychophysics*, **24**, 493-495.

Lyman, B. J., & McDaniel, M. A. (1986). Effects of encoding strategy on long-term memory for odours. *Quarterly Journal of Experimental Psychology*, **38**, 753-765.

Lyman, B. J., & McDaniel, M. A. (1990). Memory for odors and odor names: Modalities of elaboration and imagery. *Journal of Experimental Psychology: Learning, Memory, and Cognition*, **16**, 656-664.

Mace, J. H. (2004). Involuntary autobiographical memories are highly dependent on abstract cuing: The Proustian view is incorrect. *Applied Cognitive Psychology*,

18, 893-899.

Mace, J. H. (Ed.) (2007). *Involuntary memory*. Oxford: Blackwell Publishing.

Martin, G. N., & Chaudry, A. (2014). Working memory performance and exposure to pleasant and unpleasant ambient odor: Is spatial span special? *International Journal of Neuroscience*, 124, 806-811,

槙　洋一・仲真紀子 (2006).　高齢者の自伝的記憶におけるバンプと記憶内容　心理学研究, 77, 333-341.

Masaoka, Y., Sugiyama, H., Katayama, A., Kashiwagi, M., & Homma, I. (2012a). Slow breathing and emotions associated with odor-induced autobiographical memories. *Chemical Senses*, 37, 379-388.

Masaoka, Y., Sugiyama, H., Katayama, A., Kashiwagi, M., & Homma, I. (2012b). Remembering the past with slow breathing associated with activity in the parahippocampus and amygdala. *Neuroscience Letters*, 521, 98-103.

Mason, M. F., Norton, M. I., Van Horn, J. D., Wegner, D. M., Grafton, S. T., & Macrae, C. N. (2007). Wandering minds: The default network and stimulus-independent thought. *Science*, 315, 393-395.

Matsunaga, M., Bai, Y., Yamakawa, K., Toyama, A., Kashiwagi, M., Fukuda, K., Oshida, A., Sanada, K., Fukuyama, S., Shinoda, J., Yamada, J., Sadato, N., & Ohira, H. (2013). Brain-immune interaction accompanying odor-evoked autobiographical memory. *PLOS ONE*, 8: e72523.

Matsunaga, M., Isowa, T., Yamakawa, K., Kawanishi, Y., Tsuboi, H., Kaneko, H., Sadato, N., Oshida, N., Katayama, A., Kashiwagi, M., Ohira, H. (2011). Psychological and physiological responses to odor-evoked autobiographic memory. *Neuroendocrinology Letters*, 32, 774-780.

Maylor, E.A., Carter, S.M., & Hallet, E.L. (2002). Preserved olfactory cuing of autobiographical memories in old age. *The Journals of Gerontology Series B: Psychological Sciences and Social Sciences*, 57, 41-46.

Miles, A. N., & Berntsen, D. (2011). Odour-induced mental time travel into the past and future: Do odour cues retain a unique link to our distant past? *Memory*, 19, 930-940.

Miles, C., & Hodder, K. (2005). Serial position effects in recognition memory for odors: A reexamination. *Memory and Cognition*, 33, 1303-1314.

森田健一 (2008).　主観的体験から捉えたプルースト現象　日本味と匂学会誌, 15,

53-59.

森田健一（2010）．においによる記憶想起についての心理臨床学的考察―非言語的な無意識の動きに着目して　心理臨床学研究，**27**，664-674.

森田泰介（2012）．展望的記憶の自発的想起と無意図的想起　風間書房.

森田泰介・山本晃輔・野村幸正（2007）．マインドワンダリングに及ぼす想起意図の影響に関する実験的検討　関西心理学会第119回大会発表論文集，59.

Murphy, C., Cain W. S., Gilmore, M. M., & Skinner, R. B. (1991). Sensory and semantic factors in recognition memory for odors and graphic stimuli: Elderly versus young persons. *American Journal of Psychology*, **104**, 161-192.

中島早苗・分部利紘・今井久登（2012）．嗅覚刺激による自伝的記憶の無意図的想起：匂いの同定率・感情価・接触頻度の影響　認知心理学研究，**10**，105-109.

Neimeyer, G. J., & Metzler, A. E. (1994). Personal identity and autobiographical recall. U. Neisser & R. Fivush (Eds.), *The remembering self*. Cambridge: Cambridge University Press. Pp. 105-135.

Neisser, U. (1982). *Memory observed: Remembering in natural contexts*. San Francisco: Freeman.

（ナイサー，U. 富田達彦（訳）（1989）．観察された記憶―自然文脈での想起　誠信書房.）

Nelson, D. L., Reed, V. S., & Walling, J. R. (1976). Pictorial superiority effect. *Journal of Experimental Psychology: Human Learning and Memory*, **2**, 523-528.

野村晴夫（2002）．高齢者の自己語りと自我同一性との関連　教育心理学研究，**50**，355-366.

野村幸正（1983）．心的活動と記憶　関西大学出版部.

野村幸正（1994）．かかわりのコスモロジー―認知と臨床のあいだ―　関西大学出版部.

Olsson, M. J., & Cain, W. S. (2003). Implicit and explicit memory for odors: Hemispheric differences. *Memory and Cognition*, **31**, 44-50.

Parker, A., Ngu, H., & Cassaday, H.J. (2001). Odour and Proustian memory: Reduction of context-dependent forgetting and multiple forms of memory. *Applied Cognitive Psychology*, **15**, 159-171.

Paivio, A. (1971). *Imagery and verbal processes*. Holt: Rinehart & Winston.

Phillips, K., & Cupchik, G.C. (2004). Scented memories of literature. *Memory*, **12**, 366-375.

引 用 文 献　127

Proust, M.（1913）. Àla recherche du temps perdu, Paris, Bernard Grasset.
（プルースト，M. 鈴木道彦（訳）（1996）. 失われた時を求めて1 第一篇スワン
家の方へ　集英社.）

Rabin, M. D., & Cain, W. S.（1984）. Odor recognition: Familiarity, identifiability, and encoding consistency. *Journal of Experimental Psychology: Learning, Memory, and Cognition*, **10**, 316-325.

Rasmussen, A. S., & Berntsen, D.（2009）. The possible functions of involuntary autobiographical memories. *Applied Cognitive Psychology*, **23**, 1137-1152.

Reed, P.（2000）. Serial position effects in recognition memory for odors. *Journal of Experimental psychology Learning, Memory, and Cognition*, **26**, 411-422.

Richardson, J. T., & Zucco, G. M.（1989）. Cognition and olfaction: A review. *Psychological Bulletin*, **105**, 352-360.

Rubin, D. C., & Berntsen, D.（2008）. ストレスフルな出来事の記憶－アイデンティティへの影響（仲真紀子訳）. 自己心理学4　認知心理学へのアプローチ.（pp. 105-115）. 金子書房.（Rubin, D. C., & Berntsen, D.（2008）. How memory for stressful events affects identity. 仲真紀子（編）. 自己心理学4　認知心理学へのアプローチ.（pp. 118-129）. 金子書房.）

Rubin, D. C., Groth, E., & Goldsmith, D. J.（1984）. Olfactory cuing of autobiographical memory. *American Journal of Psychology*, **97**, 493-507.

Rubin, D. C., & Schulkind, M. D.（1997）. The distribution of autobiographical memories across the lifespan. *Memory and Cognition*, **25**, 859-866.

Russell, J. A.（1980）. A circumplex model of affect. *Journal of Personality and Social Psychology*, **39**, 1161-1178.

相良陽一郎（2000）. 日常記憶　太田信夫・多鹿秀継（編著）　記憶研究の最前線（pp. 151-169）北大路書房.

斉藤幸子（2011）. においを観る：においの官能評価　日本官能評価学会誌, **15**, 2-12.

斉藤幸子・綾部早穂・高島靖弘（1994）. 日本人のニオイの分類を考慮したマイクロカプセルニオイ刺激票　日本味と匂学会誌, **1**, 460-463.

Saive, A. L., Royet, J. P., & Plailly, J.（2014）. A review on the neural bases of episodic odor memory: from laboratory-based to autobiographical approaches. *Frontier in Behavioral Neuroscience*, **8**, 1-13.

佐藤浩一（2000）. 思い出の中の教師－自伝的記憶の機能分析　群馬大学教育学部紀

要　人文・社会科学編，**19**，357-378.

佐藤浩一（2008a）．自伝的記憶の構造と機能　風間書房.

佐藤浩一（2008b）．自伝的記憶研究の方法と収束的妥当性　佐藤浩一・越智啓太・下島裕美（編著）　自伝的記憶の心理学（pp. 2-18）北大路書房.

佐藤浩一・槙　洋一・下島裕美・堀内　孝・越智啓太・太田信夫（2004）．自伝的記憶研究の理論と方法　日本認知科学会テクニカルレポート，51.

佐藤浩一・越智啓太・下島裕美（編）（2008）．自伝的記憶の心理学　北大路書房.

Schab, F. R. (1990). Odors and the remembrance of things past. *Journal of Experimental Psychology: Learning, Memory, and Cognition*, **16**, 648-655.

Schab, F. R. (1991). Odor memory: taking stock. *Psychological Bulletin*, **109**, 242-251.

Schaefer, A., & Philippot, P. (2005). Selective effects of emotion on the phenomenal characteristics of autobiographical memories. *Memory*, **13**, 148-160.

Schlagman, S., & Kvavilashvili, L. (2008). Involuntary autobiographical memories in and outside the laboratory: How different are they from voluntary autobiographical memories? *Memory and Cognition*, **36**, 920-932.

Schlagman, S., Schulz, J., & Kvavilashvili, L. (2006). A content analysis of involuntary autobiographical memories: Examining the positivity effect in old age. *Memory*, **14**, 161-175.

Schooler, J. W., & Engstler-Schooler, T. Y. (1990). Verbal overshadowing of visual memories: Some things are better left unsaid. *Cognitive Psychology*, **22**, 36-71.

Schulkind, M. D., & Woldorf, G. M. (2005). Emotional organization of autobiographical memory. *Memory and Cognition*, **33**, 1025-1035.

関口貴裕・森田泰介・雨宮有里（編著）（2014）．ふと浮かぶ記憶と思考の心理学：無意図的な心的活動の基礎と臨床　北大路書房.

清水寛之（1998）．記憶におけるリハーサルの機能に関する実験的研究　風間書房.

清水寛之（2011）．自伝的記憶の発達　子安増生・白井利明（編）　発達科学ハンドブック3　時間と人間（pp. 274-292）新曜社.

清水寛之・高橋雅延（2008）．特定の自伝的記憶に関する主観的評価の尺度－日本版記憶特性質問紙の標準データと因子構造－　人文学部紀要（神戸学院大学人文学部），**28**，109-123.

Stagnetto, J. M., Rouby, C., & Bensafi, M. (2006). Contextual cues during olfactory learning improve memory for smells in children. *European Review of Applied*

Psychology, **56**, 253-259.

Stevenson, R. J., & Boakes, R. A.（2003）. A mnemonic theory of odor perception. *Psychological Review*, **110**, 340-364.

杉山東子・綾部早穂・菊地　正（2000）．ラベルがニオイの知覚に及ぼす影響　日本味と匂学会誌，**7**，489-492.

杉山東子・綾部早穂・菊地　正（2003）．ニオイ同定課題における発話を用いた認知過程の分析　筑波大学心理学研究，**25**，9-15.

高橋雅延（1997）．記憶における符号化方略の研究　北大路書房.

高橋雅延（2000）．匂いと記憶の実験的研究の現状　こころの臨床　*à・la・carte*，**19**，317-321.

高橋雅延・佐藤浩一（2008）．「自己と記憶」の特集にあたって　心理学評論，**51**，3-7.

Takahashi, M., & Shimizu, H.（2007）. Do you remember the day of your graduation ceremony from junior high school?: A facter structure of the Memory Characteristics Questionnaire. *Japanese Psychological Research*, **49**, 275-281.

Talarico, J. M., LaBar, K. S., & Rubin, D. C.（2004）. Emotional intensity predicts autobiographical memory experience. *Memory and Cognition*, **32**, 1118-1132.

谷口高士（1991）．認知における気分一致効果と気分状態依存効果　心理学評論，**34**，319-344.

Toffolo, M. B., Smeets, M. A., & van den Hout, M. A.（2012）. Proust revisited: Odours as triggers of aversive memories. *Cognition and Emotion*, **26**, 83-92.

豊田弘司（1995）．記憶を促す精緻化に関する研究　風間書房.

Tulving, E.（1983）. *Elements of episodic memory*. New York: Oxford University Press.

（太田信夫（訳）（1985）．タルヴィングの記憶理論　教育出版.）

Tulving, E.（2002）. Episodic memory and common sense: How far apart? In A. Baddeley, M. Conway, & J. Aggleton（Eds.）, *Episodic memory: New directions in research*, Pp. 269-287. Oxford: Oxford University Press.

植之原薫（1993）．同一性地位達成過程における「事象の記憶」の働き　発達心理学研究，**4**，154-161.

Wiemers, U. S., Sauvage, M. M., & Wolf, O. T.（2014）. Odors as effective retrieval cues for stressful episodes. *Neurobiology of Learning and Memory*, **112**, 230-236.

Willander, J., & Larsson, M.（2006）. Smell your way back to childhood: Autobiographical odor memory. *Psychonomic Bulletin and Review*, **13**, 240-244.

Willander, J., & Larsson, M.（2007）. Olfaction and emotion: The case of autobiographical memory. *Memory and Cogniton*, **35**, 1659-1663.

Willander, J., & Larsson, M.（2008）. The mind's nose and autobiographical odor memory. *Chemosensory Perception*, **1**, 210-215.

Wilson, A., & Ross, M.（2003）. The identity function of autobiographical memory: Time is on our side. *Memory*, **11**, 137-149.

Wilson, D. A., & Stevenson, R. J.（2006）. *Learning to smell: Olfactory perception from Neurobiology to Behavior*. Baltimore: The Johns Hopkins University Press.

White, T.L.（1998）. Olfactory memory: The long and the short of it. *Chemical Senses*, **23**, 433-441.

山田恭子・中條和光（2010）. 単語完成課題における環境的文脈依存効果に及ぼす保持期間の影響　心理学研究, **81**, 43-49.

山本晃輔（2006）. におい手がかりによる自伝的記憶の想起に感情が及ぼす影響　日本認知心理学会第4回大会発表論文集, 94.

山本晃輔（2008a）. におい手がかりが自伝的記憶検索過程に及ぼす影響　心理学研究, **79**, 159-165.

山本晃輔（2008b）. においによる自伝的記憶の無意図的想起の特性：プルースト現象の日誌法的検討　認知心理学研究, **6**, 65-73.

山本晃輔（2010）. 自伝的記憶の観点から捉えたプルースト現象に関する研究の展望　*Aroma Research*, **43**, 206-209.

山本晃輔（2013a）. においと記憶の認知心理学　兵藤宗吉・野内類（編）　認知心理学の冒険―認知心理学の視点から日常生活を捉える―（pp.77-90）ナカニシヤ出版.

山本晃輔（2013b）. 匂いと記憶　嗅覚と匂い・香りの産業利用最前線（pp.111-119）NTS.

山本晃輔（2013c）. 匂い手がかりによって想起される自伝的記憶とイメージ能力　関西心理学会第125回大会発表論文集, 46.

山本晃輔（2013d）. アイデンティティ確立の個人差が意図的および無意図的に想起された自伝的記憶に及ぼす影響　発達心理学研究, **24**, 202-210.

山本晃輔（2014a）. 匂いと記憶―プルースト現象　関口貴裕・森田泰介・雨宮有里

（編著）　ふと浮かぶ記憶と思考の心理学：無意図的な心的活動の基礎と臨床（pp. 39-51）北大路書房.

山本晃輔（2014b）．匂い手がかりによる自伝的記憶の想起に言語情報が及ぼす影響　大阪産業大学人間環境論集，**13**，1-12.

山本晃輔（2014c）．匂い手がかりによって無意図的に想起される未来事象の特性　日本心理学会第78回大会発表論文集，804.

山本晃輔（2015a）．重要な自伝的記憶の想起がアイデンティティの達成度に及ぼす影響　発達心理学研究，**26**，70-77.

山本晃輔（2015b）．匂い手がかりによって無意図的に想起される未来事象の特性（2）　日本認知心理学会第13回大会発表論文集，117.

山本晃輔（2015c）．嗅覚と自伝的記憶に関する研究の展望－想起過程の再考を中心として－　心理学評論，**58**，423-450.

山本晃輔（2016a）．匂い手がかりによる無意図的想起と嗅覚イメージ能力の個人差における実験的検討　大阪産業大学人間環境論集，**15**，1-12.

山本晃輔（2016b）．匂い手がかりによる自伝的記憶の想起現象（プルースト現象）に関する新しい認知モデル　*Aroma Research*，**66**，112-115.

山本晃輔・猪股健太郎（2011）．におい手がかりが幼少期の自伝的記憶の想起に及ぼす影響　奈良教育大学教育実践総合センター研究紀要，**20**，175-180.

山本晃輔・森田泰介（2008）．におい手がかりによるマインドワンダリングに及ぼす想起意図の効果　日本認知心理学会第6回大会発表論文集，62.

山本晃輔・野村幸正（2005）．自伝的記憶を紡ぎ出す匂いの働き　*Aroma Research*，**22**，130-136.

山本晃輔・野村幸正（2010）．におい手がかりの命名，感情喚起度，および快－不快度が自伝的記憶の想起に及ぼす影響　認知心理学研究，**7**，127-135.

山本晃輔・猪股健太郎・富高智成（印刷中）．匂い手がかりによって無意図的に想起された自伝的記憶の機能　日本味と匂学会誌

山本晃輔・須佐見憲史・猪股健太郎（2013）．日本語版嗅覚イメージ鮮明度質問紙の信頼性・妥当性の検討（1）　日本認知心理学会第11回大会発表論文集，141.

山本晃輔・豊田弘司（2011）．におい手がかりによって喚起された感情が自伝的記憶の想起に及ぼす影響　奈良教育大学紀要，**60**，35-39.

Yamamoto, K., & Toyota, H. (2013). Autobiographical remembering and individual differences in emotional intelligence. *Perceptual and Motor Skills*, **116**, 724-735.

Yoshida, M.（1972). Studies in psychometric classification of odors. *Japanese Psy-*

chological Research, 14, 101-108.

Zucco, G. M., Aiello, L., Turuani, L., & Köster, E. (2012). Odor-evoked autobiographical memories: Age and gender differences along the life span. *Chemical Senses*, 37, 179-189.

あ と が き

　本書は，著者が2009年に関西大学大学院文学研究科に提出した学位論文「プルースト現象の認知心理学的研究」にさらに実験を追加し，大幅な加筆修正を行ったものである。またこれを機に，修正した本文との整合性を考え，あるいは自伝的記憶や嗅覚を専門としたより多くの研究者に本書が読まれることを願い，論文題を「嗅覚と自伝的記憶に関する心理学的研究」と改めることにした。嗅覚と記憶分野の研究は，いまだ発展途上であり，今後もさらなる研究が望まれるが，本書が当該分野の研究の進展に少しでも寄与することができれば幸いである。

　本書には，著者が2003年に関西大学大学院に入学してから，2009年に奈良教育大学に就職し，2013年に大阪産業大学に転任，そして現在に至るまでのおよそ13年間の研究成果が収められている。本書にまとめられた研究を行う際には多くの方々にお世話になった。今こうして，奇跡的に大学教員として研究職に就くことができているのはこれまで指導して下さった先生方のおかげであることは言うまでもない。以下に記して感謝したい。

　学部生時代，「臨床認知科学―個人的知識を超えて（関西大学出版部）」を拝読し，その著者であられる野村幸正先生にご指導を仰ぎたいと思った。その願いは叶い，関西大学大学院文学研究科に入学してから現在まで野村先生には実験計画や論文の執筆において，終始懇切丁寧なご指導を賜った。野村先生からは著者の研究活動の節目節目にいつも適切なご助言を賜った。たとえば，大学院に入った当初，まだ当該の研究分野が萌芽的な段階にあったことから，嗅覚という研究領域に心が惹かれながらも，大学院生がメインのテーマとするにはやや困難なテーマであるかもしれないと不安に感じていたことがあった。そのような著者の心の迷いをお察しになり，ある時，野村先生

から「どんなテーマが今後発展していくかは誰にもわからないのだから，自分自身がこれでいける，このテーマに取り組んでみたいと思うならその想いを信じきりなさい」というお言葉を頂いた。当時の著者にそのような信念があったかどうかは定かではないが，そのお言葉を頂いてから，その後はひたすら実験と論文執筆に没頭することができた。今日まで研究を続けることができたのはそのお言葉のおかげである。心より感謝致します。

　同研究科の松村暢隆先生，田中俊也先生，比留間太白先生，串崎真志先生，菅村玄二先生にはお目にかかるたびに，いつもあたたかい励ましの言葉を賜った。本書が基づく学位論文の審査の過程で，野村先生には主査として，田中先生，同大学人間健康学部村川治彦先生には副査として本論文を精読し，具体的で建設的な御教示を与えて頂いた。深くお礼を申し上げたい。

　また，院生時代には集中講義等で学外の先生方がご来校下さり，ご指導頂く貴重な機会を賜った。いつも論文や著書を拝読していた川口潤先生（名古屋大学），井上智義先生（同志社大学），豊田弘司先生（奈良教育大学），清水寛之先生（神戸学院大学）から直接ご指導を頂く機会を得たことは，著者にとってこの上ない喜びであった。そして，先生方には現在でも学会等で研究について有益なご助言を賜っている。

　関西大学大学院の先輩として，白川雅之先生（兵庫県立リハビリテーション中央病院），金敷大之先生（甲子園大学），森田泰介先生（東京理科大学），長谷川千洋先生（神戸学院大学），中田英利子先生（神戸女学院大学）には，いつも興味深い最新の記憶研究についてご教示頂いた。特に，金敷先生，森田先生には大学院入学当初から今日に至るまで，実験計画や論文執筆についていつも丁寧なご助言を頂いている。同期の富髙智成氏（京都医療科学大学）には，研究者仲間として，また1人の親友として本稿の執筆に支援を頂いた。後輩の猪股健太郎氏（関西学院大学）とは，本稿にも収めたいくつかの共同研究を行っているが，いつも鋭い指摘を多く頂く。極めて優秀な後輩の1人であり，頼りにしている。

あとがき 135

　奈良教育大学着任時には藤田正先生，豊田弘司先生，市来百合子先生，出口拓彦先生に大変お世話になった。先生方には研究のみならず，大学教員のかけだしであった著者に授業の進行の仕方や，学生とのかかわり方など真摯にご教授頂いた。特に豊田先生には，多くの御指導を賜り，個人差研究の視点や集団実験の実施の仕方，論文の執筆法まで日常的な会話の中で，様々な観点から学ばせて頂いた。本書の執筆中にも何度かお電話を頂き，「身体を壊していないか」，「順調に進んでいるか」などの温かいお言葉をかけて頂いた。その心理的な支えがあったからこそ本書が完成したといえる。

　また，豊田先生には記憶・学習研究会を通して研究仲間との研鑽の場をご提供頂いた。この研究会では，豊田先生をはじめ，平野哲司先生（大阪人間科学大学），向居暁先生（県立広島大学），北神慎司先生（名古屋大学），﨑濱秀行先生（阪南大学），川崎弥生先生（専修大学），松田憲先生（北九州市立大学），沖林洋平先生（山口大学），鍋田智広先生（東亜大学），山田陽平先生（愛知学泉大学），富田瑛智先生（筑波大学），上宮愛先生（名古屋大学），堀田千絵先生（関西福祉科学大学），山田恭子先生（宮崎産業経営大学），都賀美有紀先生（立命館大学）から多くのご指導，ご支援を賜った。

　さらに，本稿の中心的な概念である自伝的記憶や無意図的想起等の記憶研究をご専門とされる，佐藤浩一先生（群馬大学），兵藤宗吉先生（中央大学），神谷俊次先生（名城大学），関口貴弘先生（東京学芸大学），上原泉先生（お茶の水女子大学），月元敬先生（岐阜大学），槙洋一先生（北海道大学），雨宮有里先生（神奈川大学），瀧川真也先生（川崎医療福祉大学），池田和浩先生（尚絅学院大学）には学会・研究会等を通して，多くの示唆に富む御助言を賜った。謹んでお礼申し上げたい。

　味嗅覚と行動に関する研究会等を通して，斉藤幸子先生（斉藤幸子味覚嗅覚研究所），小早川達先生（産業技術総合研究所），綾部早穂先生（筑波大学），須佐見憲史先生（近畿大学），小林剛史先生（文京学院大学），鈴木まや先生（関西学院大学），杉山東子先生（花王株式会社感性科学研究所）からは感覚知覚心

理学の領域から，本研究について数々のご助言を賜った。心より御礼を申し上げる。

学部時代からの友人である松下戦具氏（大阪大学）は，著者に認知心理学の面白さを教えてくれた一人である。学会等で会う度に研究状況等を報告し合うことは，研究を継続させる大きなモチベーションとなっている。氏の緻密な論理力にはいつも刺激を受けるが，同時に心を許せる相手として心理的な多くの支援を頂いた。感謝の思いは尽きない。

現在在籍している大阪産業大学では人間環境学部長の倉橋幸彦先生，文化コミュニケーション学科主任の藤永壯先生をはじめ，多くの先生方に大変お世話になっている。様々な分野の先生方からそれぞれのご専門について日常的にお話を頂く機会があることは，筆者にとって非常に有意義でかつ示唆に富むものである。ことに，曽我千亜紀先生には哲学者の視点から本研究にも多くのご示唆を頂いた。改めて感謝致します。

最後に，いつも著者の健康を気遣ってくれる妻の佑佳とその両親の田中厚治，美紀子，長い長い学生生活をあたたかい目で見守り続けてくれた著者の両親である山本真治，しのぶ，祖母の貞，妹の真里江に深く感謝の念を表したい。

なお，本書の刊行は独立行政法人日本学術振興会平成28年度科学研究費助成事業（科学研究費補助金）（研究成果公開促進費，課題番号16HP5197）の交付を受け，実現したものである。本書の刊行にあたり一方ならぬご尽力を下さった風間書房の風間敬子様，大高庸平様に心より御礼申し上げます。

2016年　夏

山 本 晃 輔

著者略歴

山本晃輔（やまもと こうすけ）

1980年	奈良県吉野郡に生まれる
2003年	龍谷大学文学部 卒業
2009年	関西大学大学院文学研究科博士課程後期課程 修了
	博士（文学）
2009年	奈良教育大学教育学部 特任専任講師
2012年	奈良教育大学教育学部 特任准教授
2013年	大阪産業大学人間環境学部 専任講師
現 在	大阪産業大学人間環境学部 准教授

主な著書

「ふと浮かぶ記憶と思考の心理学─無意図的な心的活動の基礎と臨床」
（分担，北大路書房）
「認知心理学の冒険」（分担，ナカニシヤ出版）
「嗅覚と匂い・香りの産業利用最前線」（分担，NTS）

嗅覚と自伝的記憶に関する心理学的研究

2016年11月30日　初版第 1 刷発行

著 者　　山 本 晃 輔

発行者　　風 間 敬 子

発行所　　株式会社風 間 書 房

〒101-0051　東京都千代田区神田神保町 1-34
電話 03(3291)5729　FAX 03(3291)5757
振替 00110-5-1853

印刷　太平印刷社　　製本　高地製本所

©2016　Kohsuke Yamamoto　　　　　　　NDC 分類：140
ISBN978-4-7599-2148-9　Printed in Japan

JCOPY 〈(社)出版者著作権管理機構 委託出版物〉
本書の無断複製は，著作権法上での例外を除き禁じられています。複製される
場合はそのつど事前に(社)出版者著作権管理機構（電話 03-3513-6969, FAX 03-
3513-6979, e-mail: info@jcopy.or.jp）の許諾を得てください。